图解服务的细节
011

小さな飲食店が成功するための30の教え

菜鸟餐饮店
30天繁荣记

[日] 大久保一彦 著
赵小平 译

人民东方出版传媒
People's Oriental Publishing & Media
東方出版社
The Oriental Press

目　录
CONTENTS

阶段2　商业的本质

阶段3　常识的陷阱

阶段 4　与员工的关系

阶段 5　为了你自身的成长

前言

本书是以餐饮业实务信息杂志《日经餐饮店》连载的专栏“非常识”为原型的。连载开始的2004年，正是职业棒球队“近铁”和“奥利克斯”的合并交涉明朗化的一年。当时，如彗星般出现并备受瞩目的就是原“活力门”(Live Door)集团总裁堀江贵文。

现在想起来，那是一个怎样的时代！泡沫经济崩溃以后，当既存势力拼命探索如何处理一堆残留的呆账的时候，一群努力在夹缝中求生存的人士开始浮出水面。

泡沫经济破灭后，企业开始残酷地削除自身的“赘肉”。就业冰河期来临之际，对于只能依靠自身力量寻求发展的年轻人来说，最好的职业就是IT（信息技术）行业。同时，风险企业开始登场。餐饮业虽然起步较晚，但也进入了餐饮业风险时代的顶峰。

就在这个时候，我开始对当时“只要赚钱就行”的风潮产生疑问。与此同时，作为餐饮顾问的我开始受到大家的重视，为了满足更多人的要求，我多次主持召开了实践会。因此，我也结识了许多经营方面存在问题的客户和有志于从事餐饮顾问工作的年轻人。

这种“结识”也开始让我思考何为“商业”：人们追求的东西；曾经的“特效药”；想要马上提高营业额的店主；急于解决问题的年轻人等等。

但是，请等一下！这样的话，和做癌症手术的医院有什么区别——完全没有从根本上解决问题！

就在我开始思考这个问题的时候，机缘巧合，当时的《日经餐饮店》主编菅原雅信先生拜托我撰写一个专栏。餐饮业即将迎来成熟的时代，不能再让读者漫不经心地浏览新闻，而要让读者时而震惊、时而开怀、时而颔首、时而愤怒……总之要撰写能够震撼读者的文章。

托大家的福，该专栏已经走过了三个年头。

而且，这次采用“一日一话”的形式，将专栏内容编辑成书，让读者可以反复阅读。

如今，社会上流行能够让人振奋精神的“朝礼”，我把本书定位于可以一个人单独进行的“一人朝礼”上，将其分为30回。每天空闲的时候阅读一下，能够重新整理自己，取得新的进步。希望本书对大家能有所帮助。

衷心感谢大家，希望能与大家保持长久的交流。

今天是几号？那么，去今天的那一页看看吧！

阶段 1

最初的梦想

最初的一周，是不断复习“决定的事情就要一直做下去”并养成习惯的一周。如果你还没有忘记开店最初的梦想，就一定会完成自己想做的事。每天一句话，点燃你心中的一盏明灯。

第1日

每周要休2天

“最近，让你深受感动的事情是什么？”

如果对于这个问题你无法马上回答，那么我说“你的餐饮店已经发出了危险信号”，是不是有些危言耸听？

“顾客在成长”，这是理所当然的现实，可是如今有很多餐饮店跟不上这样的现实。一直以来，“在入口处要好好接待顾客”，“把顾客带到顾客想坐的位置上去”，“如果有人在找洗手间，一定要告诉”等等，顾客认为亲切友好的餐饮店的行为已被模式化，并贯彻始终。

首先料理本身的质量必须提高，其次要实行友好亲切的服务，进而推行餐饮店空间设计。这种做法确实曾很好地吸引了单纯从饮食需要出发的年轻消费者。但是，如今这样的餐饮店境况已经一年不如一年，甚至连维持现有的顾客群也做不到。

成长起来的顾客感觉不到餐饮店带给他们的惊喜

战后，经济高速增长时期，餐饮店提供的料理以及餐饮店的布局，都让顾客充满了新鲜感和惊奇感。但今非昔比。如今各种各样的餐饮店遍布大街小巷，平时就可以吃到来自世界各地的各种料理。这种情况下，根本无法保证上周来时心满意足的顾客，今天依旧满意。仅仅一周的时间，顾客也许就会遇到能够让自己更加满意的店铺，顾客的这种“成长”，一点也不足为奇。

为了能与成长起来的顾客保持同步，身为店主或者店长的你必须成长起来。而且你要牢记一个事实：顾客没有店主或者店长想得那样容易感动。

一旦经营不善，大多数人都会有精神压力，并且立即会考虑节约人员费用或者延长营业时间等等。因为终日埋头于如何搞好经营，逐渐失去了冷静思考的时间，所以就连自我感动的机会也越来越少。

顾客对你的餐饮店不感动，是因为你自身没有成长起来。顺便问一句，你开店最初的梦想成长了吗？或者说，至少是保持在最初拥有梦想的状态了吗？

选错地段、顾客阶层不合适、经济不景气等等，把这些外在的因素作为自己没有成长的理由，从而逃避责任，使自己心里舒服点，你是不是在这样做？我把这种状态称为“不景气病”，因为这是所有经营不善的店主常挂在嘴边的一句话。

低迷的餐饮市场　据餐饮业综合调查研究中心推测，餐饮业的市场份额，从1997年的29.0743兆日元，降到2006年的24.3592兆日元，连续9年持续下跌。不过，2004年以后减少幅度不足1%，基本呈水平发展态势。

一天到晚待在店里无法体会到感动

你的餐饮店在成长过程中最重要的精神食粮就是震撼自己灵魂的感动体验。一天到晚待在店里，你没有机会也没有时间感动。因此，这就是今天的主题“餐饮店要每周休2天”的主旨所在。

通常人们会认为，餐饮店休息就等于营业额减少。如果以市场成熟为前提的话，这种看法是正确的。因为市场成熟期营业额的计算公式就是“顾客人数×单价”。根据这个公式，如果餐饮店休息，顾客人数就会减少，当然营业额也会减少。但是，现在的市场已经处于饱和状态，这个公式已经失效。在顾客不断成长的过程中，如何让顾客再次光临变得十分重要。

市场饱和时代的营业额的计算公式如下。

营业额＝初次来店的顾客人数×单价＋再次光临的顾客人数×单价

在市场成长期，初次来店的顾客占大多数，只要开门营业，顾客就源源不断。但是现在，与初次来店相比，如果不能让顾客再次光临，营业额是不会增加的。现如今已经不是开店时间越长营业额越高的时代，即使延长营业时间，也不会得到想要的结果——增加营业额。

已经完全适应每天的营业方式，对前途充满了恐惧和不安，看着这样的店主，顾客怎么能感动？我指导了多家餐饮店，发现客流量小的餐饮店的店主或者店长，有一个共同的特点，那就是缺少感动的经历。

只有自己感动，才能给顾客带来感动，从而想再来你的餐饮店。即使客流量小也不休息，这种无聊的餐饮店，我想顾客是不会愿意来的。只有不断地提供给顾客小小的惊喜，餐饮店才能熠熠生辉。为此，虽然很辛苦，但是你本身必须先做到“熠熠生辉”。

美国或者欧洲的成功的餐饮店，每年我都要去 6 次左右，目的就是体验别人体会不到的感动与惊喜。

为了指导小餐饮店的店主，我 1 年多前就开始预约阿尔卑斯山脚下的 3 星级酒店和小客栈，筹措租车事宜。想要去体验感动的人，除了我恐怕再没有其他人吧！

前几天，在东京丸之内大厦的法国料理店“感官花园”

（Sens&Saveurs）举行了一次活动。 这家店是法国南部蒙特利埃的3星级饭店“德桑花园酒店”（Le Jardin des Sens）和日本的“平松”合办的，非常有名。

> **3星级饭店** 餐饮指南“米其林”所规定的饭店的最高等级。全法国只有20多家。1星级饭店“提供特别美味的料理”，2星级饭店“即使绕路也值得一去”，与此相对，3星级饭店“提供极品料理，值得特意一去”。

成为感动的传教士

“德桑花园酒店”的店主罗兰·波塞尔（Laurent Pourcel）与位于法国南部的有名的葡萄酒产地、教皇新堡的博卡斯特尔的主人托马斯·佩兰（Thomas Perrin）交情甚深，托马斯主张把自己珍藏的葡萄酒与日本的食材结合起来。

我惊讶地发现，葡萄酒和料理这种奇妙的结合，可以使料理变得美味无比，的的确确是“好吃到无语”！

这些都是久违的感动体验。 如果餐饮店的店主或者店长体会到了和我相同的感动，回到店里以后，一定不会再做和昨天相同的事情，而会努力思考如何把自己体会到的感动传达给顾客吧。 这种体验的积累，早晚有一天会让你的店变成能给别人带来感动的餐饮店。

所以，餐饮店的各位店主及各位店长，大胆地每周休息 2 天，成为感动的传教士吧！ 当你明白这一点的时候，一定也会意识到，顾客的再次光临和你自身的成长是完全同步的。

【今日心得】

为邂逅感动创造机会和时间。

第2日

有“卖不出去”的迹象吗

前几天，山口县的工商会议所拜托我指导一家私人餐饮店。当工商会议所的负责人把我带到店里的时候，一对50多岁的老夫妻已经等候多时了。

我赶紧进入正题，询问了餐饮店创业至今的变迁。日本料理和西餐的完美结合曾经风靡一时；郊外的连锁店出现以后营业额一度下跌，后听从餐饮顾问的意见开始推行自助餐；为了增加夜间营业额，又听从餐饮顾问的建议增加了铁板烧等等。

通过交谈我对店主的性格有了几分了解。他属于不善于处理逆境的类型，一旦觉得困难，会马上听从餐饮顾问等的建议，推出新商品或者改变销售方法，希望借此脱离困境。餐饮店一次次地变化，肯定会接连不断地失去顾客，这是典型的“信用缺失症候群”。

每次指导餐饮店的时候，我都会首先询问餐饮店的历史。无论什么样的餐饮店，发展过程中都会经历各种各样的困境。面对困境，都采取了什么对策，了解清楚这一点，我也就找到了餐饮店走到今天这个地步的原因。这其中是有必然性的，因为一切都是细微小事和对策的反复积累，餐饮店的历史能够如实地反映出这些。

没有“神奇的特效药”

好的结果来自好的习惯。也就是说，经营不善的时候，如果能够改掉迄今为止的坏习惯，就一定会开辟出一条新路。繁荣，是店主自身带来的。

这个年纪的店主们，有着共同的思维模式，那就是特别依赖能够带来戏剧性改变的“特效药”。看到繁荣成功的餐饮店的菜单就想：“这个拿到我家一定好卖”。不经过深思熟虑盲目照搬别人的东西，结果只能打破自家餐饮店的平衡。

餐饮店必须发展，漫无计划地一味依赖“特效药”，不但不会发展，多数情况下可能还会与顾客的追求背道而驰。店内重新装修或改变店名，如果能够吸引新顾客还好，不然只会失去原有顾客的信任。

仅凭“什么好卖”就可以了，这种想法已经落伍。在当今成熟的社会情况下，仅凭“好卖”就可以了，是行不通的。

最近，自治体、工商会议所等，经常请我到地方上进行演讲，演讲结束后会招待我吃饭，但是，每次在“2 次会”这样的轻松场合，一定会有人问我这样的问题：由于加强了对饮酒驾驶的管制，营业额受到影响，对此有没有什么“特效药”？其实，这样的“特效药”根本不存在。

小商圈化 商圈是指来店顾客的居住范围。一般大家特意赶去的店铺商圈大，日常使用的店铺商圈小。90 年代以后，餐饮业小商圈化发展迅速，家庭餐馆在选择地段的时候，出现了由交通量大的主干道路沿线向生活道路沿线转变的倾向。

美味“表演”

在市场成熟的情况下，餐饮业也开始变得“小商圈化”。只要没有特别的目的，顾客就不会花费 10 分钟以上去寻找餐饮店。为了避免酒后开车肇事，来店的方式也由开车变成步行，所以营业额下跌得非常明显。迄今为止的经营模式已经走到了尽头。因此，必须从根本上重新认识经营。

“有没有什么办法让经营不善的店铺扭亏为盈呢？”这也是我演讲结束后经常被问到的一个问题。即使是两家情况基本相同的餐饮店，也可能一家能够提高营业额，另一家则完全相反。区别就在于，是否能够创造出一个让餐饮店永葆魅力并令客永不生厌的“连接点”。

“真好吃啊！”“新鲜出炉，超级美味！”这些话语都是美味的“表演”，是一种为了让顾客开心而发自内心的服务。

可是，效益不好的餐饮店，没有自信，所以也无法做到这种美味“表演”。

另外，如果说话时机不同，产生的效果也会不同。说话时机非常重要，不擅长说话的人要做好笔记。我建议最好在把料理端给客人的时候，或者客人吃完的瞬间对顾客进行说明，因为这样做效果比较好。这和初次约会无法说出“我爱你”是一样的道理。爱的语言，只有在约会最高峰的时候说才有效果，这个道理大家都懂，但是效益不好的餐饮店却不明白。

虽然只是小事，但和顾客的这个“连接点”，非常重要。

是否好卖，在入口处就能见分晓。效益不好的餐饮店，门前乱七八糟，却不做任何处理。餐饮店的入口处和停车场，必须保持整洁，经常洒水。店内摆放用不上的桌椅也是禁忌。同样，店内摆放私人物品，把店铺当仓库用的话，也会让人觉得效益不好。凡是视线所及之处，不能表现出无人光临的样子。

店门一开，是否马上就能开始进入工作状态？与顾客是否有眼神上的交流？如果做不到这些，餐饮店就开始走上了衰退的道路。也就是说，不关注顾客就代表着衰退的开始。效益不好的餐饮店的店员，不知道为什么总是不关注顾客，一点也不机灵。

另外，还有一点非常重要，那就是给顾客传递一种“快来买吧”、“快来吧”的信息。无论多么困难，都不能让人看起来有“卖不出去”的迹象。

营业额一旦下跌，作为与顾客接触点的传单，餐饮店主页，以及菜单大全上面，就写满了“欢迎光临”与“欢迎购买”这样诚恳的话语。餐饮店入口处贴满了海报和广告，菜单大全上常见的语句，被过分放大的菜单照片，老掉牙的“今日推荐”菜单等等。

这些只能起到相反的效果，无法让顾客感受到餐饮店的活力。即使营业额短时间内增加了，也不会持续太久。因为“效益不好的氛围”使顾客的来店热情和精神纷纷减半。

做餐饮顾问10余年，我非常明白这一点，越是效益不好的餐饮店，越是会固执地向顾客提供过多的信息，希望顾客购买，反而忘记了要给顾客带来惊喜。这就是“卖不出去”的迹象，餐饮店越是想尽早向顾客传达信息，卖不出去的感觉越明显。如果顾客晚些知道的话，可能会非常高兴，并且会相互转告。

饮酒驾驶问题 2006年夏季，由于在饭店饮酒后驾驶车辆导致的死亡事故不断增加，以此为契机，秋季以后，人们把饮酒驾驶当做“社会弊病”的意识越来越高涨。警察加强了对饮酒驾驶的管理力度，因此以郊外为中心的餐饮店的顾客人数不断减少，很多餐饮店的营业额大幅下跌。

消除“卖不出去”的氛围

细微琐事的日积月累，就会形成卖不出去的氛围，餐饮店的活力也会消失。只有改变形成这种氛围的习惯与做法，下功夫增加餐饮店的活力，才能给顾客带来惊喜，使顾客的数量增加。

人都一样，没有什么特殊原因，谁也不愿意去没有人气的餐饮店。只有彻底消除卖不出去的氛围，餐饮店才能起死回生。

繁荣的餐饮店与萧条的餐饮店，能干的人与不能干的人，行为上是有区别的。那就是作为行为依据的思维方式上存在着差异。思维方式养成习惯，习惯改变行动。就是现在，不要怕麻烦，要把消除“卖不出去”的氛围落实到行动上。只有这样，才能让餐饮店重新焕发生机。

【今日心得】

改掉“卖不出去”的思维方式与习惯。

第3日

首先要自我享受

这是我去带广出差时候的事，第一天我住在带广，第二天我去了熊本。时间是乍暖还寒的2月中旬。

当时去带广，我是与以前公司的同事日辻操同行的。在我独立以前，日辻和我在公司曾经甘苦与共，而且，他当时还负责过带广。时间流逝，现在他担任我们发行的音像杂志《梦——商通信》的主编。

指导结束以后，我们一起去了带广很有名气的大排档“北之屋台”。路边摊共有18家，我们从一个角落进去以后，无意中被一张广告所吸引：“点餐完毕，现场制作东北家常菜。”这是一家打着“中国东北家常菜”旗号的路边摊。

“这家看起来不错，中国东北家常菜可不多见啊！”

“是啊，饺子都是现点现包的呢！”日辻答道。话音刚落，他突然向刚从店里出来的一对夫妻问道：“这家店的菜好吃吗？”

“当然好吃啊！”

“是家什么样的店啊？”

“能让你充分体会到中国风情的店。”

我和日辻互相点点头：“进去看看吧。”

推开门，马上有两个貌似夫妇的人热情地迎了上来。

“欢迎光临！”

店内小而整洁，只有一个柜台，9 张桌子。柱子上贴着一张菜单，据说是顾客选出来的美味前十名排行。我们也参考这份菜单，点了有名的饺子和干烧虾仁，十胜当地产的土豆和芹菜拌的沙拉。另外，我们想着好不容易才来一趟这里，所以酒水我们要求把老酒烫热了喝。谁知听了我们的话，老板娘奇怪地问道：“烫酒按照中国式来烫吗？”

“中国式？怎么烫？”

“在中国一般要加枸杞、山楂等各种药膳。”

端上来的小酒壶，虽然给人感觉很廉价，但里面的老酒却热气腾腾，非常好喝。当年我在东京福生发现“红虎饺子房”第一家店的时候，很是惊讶，而这次的惊讶绝不亚于上次。

就在我们享受着意外的“烫老酒”的时候，穿着白衣的店主，开始在柜台后面包起了饺子。揉面、揪剂子、用擀面杖擀皮，这些对于中国料理的专业人士来说也许没什么大不了的，但在大排档能看见这样的表演，实在令人兴奋。

北之屋台　作为搞活带广市中心街的计划之一，设立了屋台街。18个店铺采取固定形式，不能自由移动。硬件归北之创业广场协同组合所有，店主支付租金等以后就可以进驻。很多店铺以“当地生产，当地消费”为目标。这里已经成为带广市有名的观光场所。

与老板娘精彩的对话

薄薄的饺子皮很快就擀好了，接下来放入一种奇怪的蜜色馅料，刷刷几下就包好了。然后，放到平底锅里开始煎。煎好以后，老板娘满脸带着得意之色，把热气腾腾的煎饺端了上来。从外形上来看，面粉里应该加入了发酵粉。一口咬下去，还有茴香的味道。

“老板娘，你这面里加了发酵粉吧？其他还加了什么？”

“这是商业秘密，我可不能告诉你。你要是多来几次的话，我可以考虑告诉你哦！”

“我们是从东京来的，多来几次怕是很难啊！不过，这饺子很有特色，真是好吃啊！”

“请问您从事什么工作？同行？”

“你那放着的杂志，里面的新闻报道就是我写的。”

就这样你一句我一句我们聊了起来，时间慢慢流逝。这家店的店名叫做“顺香”，《日经餐饮店》2005 年 3 月号的专栏“话题的产生地”曾经报道过，我看了那个报道才决定来拜访一下的。 店里还放着一本编辑部寄来的 3 月号的杂志。 缘分这个东西真是不可思议！

饺子很好吃，除此之外这家店还有一个吸引人的地方，那就是和老板娘由加里的精彩对话。 为了聊天，为了偶遇，为了和店铺交流，人们才来大排档的。 所以，要想搞活店铺，交流非常重要。

店里的用品厨具等也独具匠心。 便宜的酒壶，煎饺子的平底锅以及顾客选出来的十佳料理，每样物品都让店铺变得与众不同。 离开这里的时候，我们与那对擦肩而过的夫妻产生了同样的感觉：“饱享中国风情。”这家店极具表现力，不会让你感觉到路边摊的简陋，一切好像都在店铺创作的剧本的指引下一样。

老板娘由加里这样说：“如果想要顾客开心，自己不开心可不行。”

心里想象着顾客开心的模样，自己也觉得高兴。 这样的话，必然也会让顾客引起共鸣。 反过来，如果自己觉得痛苦，必定只会关注眼前的数字和金钱，无法想象顾客开心的模样，当然也就无法让顾客高兴。

我觉得，在北海道带广精神百倍工作的老板娘由加里的一席话，让我们明白了对付人性弱点的关键之处。

凡事彻底的重要性

从带广一回来，我就去了熊本。

在宾馆办好登记手续以后，我们便去了目的地——自然派饭店的先驱“蒂亚”熊本总店。这次来熊本的目的，就是在“蒂亚”举办的晚会上，访问汽车用品“黄帽子”公司的创办人键山秀三郎。说到键山秀三郎，他的著作《凡事彻底》非常有名。

随着晚会的进行，键山秀三郎周旋于各桌客人中间，并且送给每人一张彩纸，每张彩纸上都写着一句话。写给我的是“心暖万事成”。看到写给朋友岩谷的话，我大为感动。那是我一直追求的一句话：“物质食粮不能成为精神食粮。”

就是它！无论是在带广经营路边摊的老板娘由加里，还是为我们与键山先生会面创造机会的“蒂亚”社长元岡健二，以及在法国山区餐厅“Auberge Et Clos Des Cimes”工作的大厨雷吉·马孔（Regis Marcon），他们都坚信这一点！

迄今为止我所遇见的这些成功经营餐饮店的店主们，都在实践着一句话：凡事彻底。他们一心想着如何让顾客开心，并将其付之于实践。

为了让顾客开心，这是一件必须要做到的理所当然的事情。在信息化社会的今天，我们可以得到任何信息。但是，请你为了自己的未来，抵挡住诱惑，想象一下顾客高兴的样子，成为顾客的“精神食粮”吧！

TIA(土 tuchi、生命 inochi、爱 ai 的日文拼写首字母)

“蒂亚”一方面执著于无农药、有机蔬菜等放心、安全的材料，另一方面注重与生产者的联系，是“自然派自助餐馆”的先驱。虽然与熊本总店经营主体不同，但是因赞同其经营理念，所以以相同的名字开店，这样的店铺全国有 10 多家。

【今日心得】

畅销的方式与习惯，从自我享受开始。

第4日

抛弃赚钱的想法

“小饭店不赚钱，你最好考虑一下其他的生意。”经常有毫无经验却想自己开饭店的人来拜访我，每次我都会跟他们说这句相同的话。听了我的话，有8成的人再也不来找我。也许他们到那些说“会赚钱的”这样安慰话的人那里去了吧。那也没什么，因为那就是他的人生。

随着1970年以来外资自由化、汽车普及、饮食休闲化、夫妻双职工的家庭增加等等，迄今30年，餐饮业在市场成长方面起到了很大的推动作用。不知不觉中，人们开始把“市场是扩大的”这个事实，看得稀松平常。增加店铺，增加劳动力……现在还出现了多家股票上市的企业，作为餐饮业，在社会上开始得到越来越多人的认同。当然，也就把餐饮业当成了一个赚钱的行业。

那么，餐饮业真的是一个赚钱的行业吗？今后还能继续扩大规模、获得利润吗？

严酷的劳动待遇

前几天，我担任讲师的食品协调员学校（Food Coordinater School）的一名女学生，由于某种原因，辞去了餐饮店的工作，改做银行的窗口工作。成为正式员工之前，先要做3个月的临时工。银行方面给出的劳动待遇是，每小时1 800日元，周六日和节假日休息。她以前工作的餐饮店一周工作6天，一个月20万日元。光是从钱的角度考虑的话，恐怕没有比餐饮店的服务员的劳动待遇和工资体系更严酷的了吧！如今的时代，餐饮店在很大程度上只能依靠不给服务员发高工资来获得结构上的利益。

市场扩大，连锁店增加，通过追求利润和扩大市场占有率，以及控制正式员工的录用，把临时工当做机动力量来培训，从而让经费流动起来。餐饮连锁极度追求“利润”这种经济价值观的结果，就导致在餐饮业工作的人员工资，绝不会达到一个较高的标准。

而且，现如今，餐饮业的竞争更加残酷。总部一声令下：“降低人事费用！”现场为了达到利益指标，就必须削减经费，减少劳动时间和避免社会保险等经费负担。在店里工作的都是把服务员当做成本来看待的店长们。那些打零工的自由职业者们纷纷慨叹“每天只能工作2小时”。餐饮业已经失去了梦想和希望。

不仅是大型企业和连锁店一味追求经济利益而失去了餐

饮业的本质，就连个体餐饮店在这一点上也是相同的。

餐饮业的连锁化　据总务省“事务所·企业统计调查”表明，在餐饮业73.7372万家店铺中，有76.2%是由个人经营的，企业经营的只不过才20%多一点。但是，法人营业的店铺的比例在逐年上升，从1999年到2004年的5年间，从20.6%增加到23.7%，一共增加了3个百分点之多。

餐饮业的意义是什么

饮食是人类生存的必要条件。餐饮连锁店的多店铺经营，给顾客的生活带来方便和舒适，这一点值得称赞。

但是反过来，也产生了许多弊病。最重要的弊病之一，就是极大程度上剥夺了在餐饮行业工作的人的梦想。所以现在，重新思考餐饮业的意义，重新认识餐饮业对社会所做的贡献，这个时期已经来临了。

餐饮业不仅为人类的生存提供食物，还有一个重要作用，就是为人类带来喜悦和满足。因此，餐饮业不但不会从社会上消失，而且还会为在餐饮行业工作的人提供一份了不起的工作：面对顾客的喜悦和感动，与顾客产生共鸣，自身得到成长，内心也会变得充实起来。

而连接餐饮店和顾客的就是梦想。只有梦想，才是连接顾客和餐饮店的重要“管道”。

人气明星约翰尼·德普（Johnny Depp）主演过一部半自传性电影《寻找梦幻岛》。该电影是以作家詹姆斯·巴里（James M. Barrie）为人物原型的，片中德普扮演的主人公巴里，通过与失去父亲的四个孩子的共同生活，激发了自己的想象力，完成了杰作《彼得·潘》。

主人公在现实的世界中拓展自己的想象力，写出了《彼得·潘》这个充满梦幻的剧本，凡是看过电影的观众，无不为之倾倒。观众大受感动，纷纷被“梦幻岛”这个奇妙的世界所吸引。应该说，梦想才是让顾客喜悦和感动的原动力。

餐饮店的经营者们，其实和主人公巴里是相同的。如果没有梦想，就无法提供让顾客感动的料理和服务。如果总是把营业额和利益这些残酷的现实的东西看得比什么都重要的话，就无法把顾客带到神奇的“梦幻岛”。

作家的想象力、舞台的效果、演员的演技、观众的想象力等，如果把这些适用于餐饮店的生意，那么就应该分别对应于餐饮店理念、协调力、工作人员、目标顾客群等。如果缺少其中的任何一项，顾客就不会满意，不会对餐饮店抱有好感，恐怕再也不会来这家店了吧。因为，顾客的选择太多了。

正因为如此，对于那些在餐饮业没有从业经验，却幻想靠此轻松赚钱的人，我总是加以“训斥”。仅靠普通的经营，餐饮店会无法维持下去。如果不具备吸引顾客、将顾客带到“梦幻岛”的本事，餐饮店将无法生存。

从顾客的喜悦来考虑

餐饮店就是剧院，经营者和厨师创作出的艺术作品要能够吸引顾客，这个“角色”需要具有丰富的素养，外行是不可能完美演绎的。如果没有天生的才能或者多年打下手积累的经验，顾客马上就能识别出来。

缺少人生经验的打工者也是如此。体会不到正式员工的悲喜和辛苦、反应迟钝的人，不具备吸引顾客的要素。实际上，连锁店在开业之初营业额会达到顶峰，开店后营业额却很少有增加的。

大家是不是把做生意看得太简单了？如果是这样的话，真是太对不起顾客了。

首先，应该忘掉营业额和利益等现实的东西，一切都以顾客的喜悦为出发点来考虑，难道不是这样的吗？而且，希望你能把这一点与“今后 3 年你打算如何发展”这个梦想结合起来进行考虑。也许现在还想象不到 3 年后的事情，但是，只要你有这个意识，就一定能够实现梦想。

成功不是目的，只是结果。如果你能看准 3 年以后，并且做正确的事情的话，作为结果，一定会成功。你只需要坚信这一点，迈出一大步！

【今日心得】

重新认识在餐饮业工作的意义。

第5日

“感动的表演”是否正在进行

有位社长给我打电话：“大久保先生，最近我开了家咖啡厅，你来看看吧。”一问我才知道，原来他虽然新开了一家咖啡厅，但是业绩却不尽人意。因为我曾经观察过世界各地的1万多家店铺，所以，他希望听一下我的意见。

于是我调整了一下日程安排，去了那家咖啡厅。咖啡厅外观十分可爱，进到里面，气氛安静平和，咖啡豆使用的也是精选咖啡豆。

坐下来后，菜单更是让我大饱眼福。我问社长想开一家什么样的店。社长觉得咖啡厅里好像缺了点什么。内外装修材质精良，钱没少花，但是，却感觉不到这家咖啡厅自己的特色。

这一点，并不只限于这家咖啡厅。

在餐饮店稀少的年代，“本店特有”的食物，可以体现出自己的与众不同。炸猪排、意大利面等等，依靠商品本身来吸引顾客的年代实在令人怀念。但是，随着餐饮店数量的增加，只靠商品已经无法彰显自己的个性，只有依靠经营方法才能表现出自己的不同。荞麦面居酒屋、拉面居酒屋等，大家依靠奇思妙想，让自己别具一格。但是，再怎么做，也很难把自己和别人区分的像拉面和炸猪排一样明显。

卖点就是表现自己

有一本书叫做《不卖花的卖花女孩》（权八成树著，光文社）。“花店并不是在出售花朵本身，而是在出售一种心情。比如说，看望病人的话要表达关切之情，送女朋友要表达爱慕之情。”这是书中的一段话，我想能够给今后的餐饮店经营带来些启示。

你是否也一边考虑料理之外的其他事情，一边经营着餐饮店呢？

现在是一个十分方便的时代：二十四小时便利店、副食店、超市等等，可以买到食物的商店到处都是。但是，在这个商店林立的时代，为什么顾客还要花费高昂的价格，特意到餐饮店去呢？那是因为“餐饮店里除了料理以外，还出售其他的东西”。

聚会活动也算其中之一。其实，说到生日和纪念日，感觉应该去那种平时不常去的高级餐饮店，但是近年来，越来越多的顾客开始选择不是那么有人气的小餐饮店来庆祝纪念日。在一家地方的回转寿司店，一个月就有数十个生日晚会的预约。作为店方，预约太多可能会降低桌子的翻台率，但是发自内心的真挚服务却让人们赞不绝口，所以每年预约的数量不断增加。

生日，应该是我们最频繁庆祝的“节日”吧，会有很多人送礼物或请吃饭。被祝福的人，应该没有不开心的吧。而且，一起过生日，可以忘掉痛苦的现实，多幸福啊！

因此，组织协调力开始变得重要起来。

生日晚会，从某种程度上来说，需要协调的内容很容易预想到。准备生日蛋糕、吹灭生日蜡烛、唱生日快乐歌、送礼物或者贺卡。如果是在家里举行生日晚会的话，连小孩子也能想象得到这些内容吧。

但是，如果是结婚宴会呢？我一手操持了自己的结婚宴会，需要协调的内容实在太多了。从选择饭店开始，料理、葡萄酒、衣服、主持人、乐手、演奏器材、助兴节目、结婚蛋糕、鲜花、安排车辆、请帖、欢迎海报、纪念品等等，如果不是像我这样时间上比较自由的职业，无论如何也应付不了！

而且，像结婚宴会这样盛大的场合，如果做不到完美的话，就无法给人带来感动。

业态 是指根据“快餐”、“居酒屋”等营业形式进行的分类。根据料理的不同范围和价格范围，还可以细分。近年来，为了加强专卖店夜间吸引顾客的能力，出现了很多“居酒屋化”的例子，比如“荞麦面居酒屋”等。在此影响下，居酒屋业态的竞争不断激化。

100 －1 ＝0

这也是刚才提到的《不卖花的卖花女孩》书中的一段。表现自己也像结婚宴会一样，需要各种各样事物的协调搭配。一旦缺少任何一部分，参加者就会有不舒服的感觉。想象一下有人邀请你参加生日晚会，结果你却忘记带生日礼物了，无论晚会多么开心，忘带礼物的你一定会觉得很不舒服吧！所以，协调搭配就是：需要100个就必须有100个。

$$100-1\neq 99。100-1=0!$$

要想把所有的部分毫无遗漏地准备齐全，重要的就是“经验”。没有经验，很难把需要的东西全部找出来。

因此，策划集会活动的工作人员，一定要有“经验”。如果要策划生日晚会，必须让在家举办过生日晚会的人来负责。你店里的员工，有多少人在家举办过生日晚会呢？如果都是从未在家里举办过生日晚会的人，那么即使花费店内经费，也必须让他们策划一次家庭的生日晚会。

另外，还有一点非常有趣，那就是看起来好像完全相同的搭配，但是细微的一点差别，却可以让人感动。

例如，我非常喜欢歌剧《歌剧魅影》，所以在很多地方看过，今年，我还看了在百老汇的公演和日本四季剧团的演出。在百老汇，当最后一幕主人公魅影消失的时候，我也被他的悲伤所感染，不由得流下了眼泪。但是，看四季剧团演出的时候，则没有这样的感觉。

其中的区别并不是内容的好坏，而是某种细微的平衡感，也就是演员的角色分配、舞台效果等等，因许多因素上有某种细微的差别，结果导致在最后一幕上出现了很大的不同。

协调搭配的时代

餐饮业已经进入“协调搭配的时代”，必须想方设法让顾客感动。工作人员、地理位置、内部装修等各种各样的要素，都将令顾客对餐饮店的印象发生变化。像“金太郎糖”那样的连锁操作已经行不通。咖啡厅也不能只是咖啡厅，必须让人体会到只有在这里才能感受到的时光和氛围。网络咖啡厅和漫画茶室之所以成功，就是因为顾客很容易想象到能够在那里度过有意义的悠闲时光。

如今已经进入这样的时代，需要有一位“餐饮店导演”来发现某个部分的缺失或者不完备。仅仅依靠那些只了解烹饪或者待客等某个特定领域的“专家”，已经无法取胜。重要的是，要有一个能够逐一分析餐饮店的各个部分，并根据自己的经验取长补短的“多面手”。

【今日心得】

顾客的感动要靠餐饮店的“表演”。

第6日

宣传卖不出去的商品

“用你的5日元，一起来植树造林吧！”在大型便利店“迷你岛”（Ministop），我见到了这样的标语。

2006年9月，“迷你岛”开始在全国范围销售一次性方便筷，该方便筷是用奈良县吉野产的丝柏树的间伐材料制成的，销售对象锁定在环保意识较高的购买层上。同时，一直以来使用中国木材制成的一次性方便筷继续免费使用，所以预计每家店每天卖几双这种吉野木材制成的方便筷就可以了。有人认为，因为不是全面替换原来的方便筷，所以没有任何意义，但是我认为，这种小小的积累本身是非常值得高度称赞的。

据第二天的《产经新闻》报道，日本从国外低价进口木材，导致国内的林业发展受到影响，在这种情况下，“迷你岛”希望尽可能地消费国产产品，使森林得到整备，所以才从6月份开始在5家店面实行试销。

“迷你岛”在全国共有 1 600 家店铺，即使一天只卖几双，如果能推广到全国 1 600 家店铺的话，也能取得一定的效果。

按照过去的试销观点，从“一天只卖几双”这个数字来看，很难做出“颇有成果”的评价。事实上，我们经常看见这样的例子，从战略的角度投入的新商品，如果实际销售数量远远低于最初预想的数量，则给该商品打上失败的烙印。但是，市场成熟的今天，如果根据销售之初的短期结果就进行判断的话，该商品肯定没有前途可言。

不要根据短期的结果做判断

经济成长的时代，非常重视目标能否达成。餐饮业也不例外，会在实际业绩上成倍追加一定的比率来制定预算，并为达成目标而努力。预算这个目标，无论是对公司来说，还是对员工来说，都是一个清晰明了的指标。

结果，从事餐饮行业的很多人，养成了把重点放在“短期数字的多少”上的习惯。

前几天，一位终于摆脱了“赤贫”状态的久违的店主来找我。

虽然开始的时候很辛苦，但是在不断思考自己想做的事情的过程中，顾客开始上门。而且，不知从什么时候起，顾客给予好评并口口相传，餐饮店前面开始排起了长队；知名的业界杂志也来采访，一派繁荣景象。无论是店主的表情，还是经营的实际状态，都和2年前来找我咨询时截然不同。

“顾客接连不断地光临，我却没赚到什么钱。”他说。

这个时候，我深刻地意识到，站在10年这个中长期的时间轴上思考问题是多么困难！请想想，“没赚到钱”，只是现在的状态，从当年门可罗雀、一贫如洗的状态脱身出来，也不过才2年而已！

顾客喜欢，生意兴隆，自己一直憧憬着的知名杂志也予以好评，从现在的情况来看，将来有无限的发展空间。让顾客更喜欢自己的餐饮店，并把更多的喜悦传递给顾客，餐饮店最终一定会越来越好，而现在，只不过是一个过程而已。

追求物质富裕的时代，人们把浅显易懂的数字作为尺度来制定目标，并用来评价目标是否得以实现。也就是说，人们相信只要营业额提高，能赚到钱就会幸福。所以，才会因为数字的瞬间变化而忽喜忽忧。

但是，对于商业来说，重要的不是“现在”，这一瞬间的数字。10年后，甚至50年后，餐饮店依然能够顾客云集，成为当地必不可少的存在，并发挥其应有的作用，这才是最重要的。

废除"方便筷"行动 餐饮业盛行废除"方便筷"行动。除了乔纳森（Jonathan's）已经完全废除方便筷以外，居酒屋大腕"和民"不久以前也把所有店铺的筷子都换成了塑料制品。通过随身携带自己的筷子、把筷子寄存在店铺等方式，以减少方便筷的使用量，这种采取"私人筷子"行动的餐饮店也越来越多。

成为必不可少的存在

要想作为必不可少的店铺生存下去，就必须引导顾客，让顾客的生活变得富裕，并给顾客带来喜悦，同时重视与顾客之间的关系。

如果只把目标锁定在那些对商品有兴趣、可能会购买的顾客身上，迟早会失去其他潜在的顾客。强行把商品推销给目标层的时代已经结束了。

以前面提到的"迷你岛"的方便筷为例。对店铺来说，最重要的顾客是那些花5日元买国产方便筷的人吗？

其实不然。事实上，最重要的应该是那些现在全无兴趣、根本无法想象会花钱买方便筷的顾客。如果他们了解了"迷你岛"的活动、理解了该活动的重要性的话，"迷你岛"就成了必要的存在。而这些顾客，也会成为"迷你岛"

的尊贵顾客。 这也是生意能够长久持续的秘诀。

所以，店铺在发布信息的时候，应该更加关注那些不了解店铺、还没有意识到店铺价值的人。 如果只是把信息提供给那些认为商品好卖的人，并不有助于生意的长久持续。 现在的日本，只把信息提供给那些认为商品好卖的人，倾向于追求短期的成果，这已经大大脱离了商业的本质。

便利店发展的结果，让方便筷的免费使用变得理所当然。 这也是追求终极方便的结果。 所以，从现在的消费者的价值观来看，在便利店花钱买方便筷是不正常的事情。

虽然现在看起来不正常，但只要把自己的想法贯彻始终，总有一天时代会改变。 这种态度，就是商业的本质。例如，假设中国认为森林采伐会破坏自然，从而禁止木制品出口。 那么方便筷就很难进口，日本国内恐怕会陷入恐慌。从中国对环境问题越来越重视的现状来看，这绝不是无中生有，将来是很有可能的事情。 到那个时候，人们就会把目光转向“迷你岛”所呼吁的事情上来，“迷你岛”的行为，将会作为“文化”得到人们的好评。

带着热情去创造文化

是的！ 当热情发展成为餐饮店的文化时，餐饮店就变成了独一无二的存在，并将延续到50年之后。 餐饮店的作用，就是创造一种“把顾客的生活最终引到正确方向”的文化。

一味地感慨“因为这里没有吃法国大餐的习惯”，没有任何意义。因为“还没有创造出吃法国大餐的文化”，所以顾客不上门；并不是“附近的人们没有慢慢吃饭的习惯”，只是因为“还没有养成慢慢吃饭的习惯”；并不是“这个地区的人们不花钱”，只是因为“还没有养成花钱的习惯”。

“迷你岛”把国产的方便筷以5日元的价格出售，多少会有一些负担。经常有人说，“干什么都得花钱。”但是我想说，吝啬的人创造不出文化。要想让餐饮店发挥自己的作用，即使自己掏腰包也得坚持去做，必须下定这样的决心。

【今日心得】

即使觉得意义不大，也要从自己能做的小事做起。

第7日

向贫困农村学习

“下一站是……”

这里是大分县日田郡大山町。大山町位于大分县的西部、福冈县与熊本县的县境交界处，是一个山沟里的村子，人口4 000人。这里也没有什么值得一提的旅游胜地。那么我们为什么会出现在这里呢？那是因为我和日本经营合理化协会一起，召集经营者们，举行了一次短途汽车旅行。

我是向导，却不是一个普通的向导，而是为了寻找你的“未来预想图”的向导。

为什么小小的大山町里会有“未来预想图”呢？听了大山町农协理事的参事矢羽田正豪先生的话，你就明白了。

“40年前，大山町是日本最穷的村子，山地面积要占全村面积的80%，平均到每户的耕地面积极小，这样的环境根本不适合搞农业。当时正是日本经济高度增长期，大山町的住户纷纷背井离乡，去大城市寻找职员的工作。工资稳定，节假日按时休息，还有奖金，这些都是从事农业无法获得的待遇，因此就算住户减少也没有办法。但是，这样持续下去的话，大山町就会消失。如何保证人口不再减少，这是一个事关存亡的问题。”

即将消失的农村起死回生

于是，当时志向远大的领导们左思右想，制定了三个目标，那就是：

①尽量保持收入稳定。

②设立奖金。

③每周休3天。

这三个目标分别意味着什么呢？

“首先，保持有收入就意味着每天都要有钱进账，要想做到每天都有进账，应该怎么办呢？我们想到，要尽可能每天都出货。为此我们成立了十几个直接销售店。你知道农民的实际收入是多少吗？如果按照市场流通的标准来计算的话，农民只能得到零售价格的20%到30%，这样将根本行不通。于是，我们在直接销售店，只收取20%的手续费进行销售。因为不是农协来购买，所以我们自身的努力非常重要。如果能够努力卖掉的话，就能获得80%的利益。

“价格由农户自己决定后，贴上标签。红色标签代表100日元，黄色标签代表200日元，绿色标签代表300日元。

实行自由竞争，这样面对卖剩下的商品，农户就会加以思考。销售战略要靠农户自己制定，这点至关重要。另外，由于大山町无法确保足够的耕地，为了获得更多的收入，40年前开始积极推行有机栽培，尽可能不使用农药，增加农产品的附加价值。

“其次，关于奖金，可以通过栽培额外作物来获得，比如栽培葡萄和梨子等。另外，为了提高基本工资，农协到农家咨询，让农户种植收益性高的作物。赚到钱以后时间有了富裕，休息也增加了。

“就这样，经过40年的努力，专业农户大约半数左右年收入在1 000万日元以上。顺便提一下，全国专业农户的平均年收入只有220万日元左右。”

也许有人会觉得奇怪，为什么要说地方农家的事情呢？我想问一句，40年前大山农协所面临的问题，和你现在的餐饮店所面临的问题，是不是一样的呢？

现在，餐饮店没有顾客上门，你的心情和当年离开农村去城里当职员的人的心情不是一样的吗？“销售额不好，所以工资不涨”，“没有效益，所以没有奖金”，“人手不足，所以不能放假”等等，陷入“这也没有那也没有”的窘境。可是，这是你自己的责任，而不是你认为的经济不景气等外部原因所造成的。总之一句话：你的餐饮店没有顾客上门，原因就是，在你的店里，顾客感觉不到对人生有益的东西。

大山町是人口没有持续减少的为数不多的农村之一。 在这里有“对人生有益”的东西，所以人们聚集到这里。 把不利条件转化为有利条件，在这里，我找到了经营的出发点。

“诸位，接下来再让我们一起去‘木之花园’看一下。”

我们一行人来到了农协经营的自助酒店。 这里使用的是有机蔬菜，每个人 1 200 日元，就可以尽情享受刚刚采摘下来的美味蔬菜，据说这里年销售额有 1.8 亿之多。 虽在深山，就算是平日，一过 11 点，门外也能排起长队。 为什么会经营这样一家酒店呢？

矢羽田先生解释：“契机就是收获高峰期的黄瓜。 看惯了又直又长的规格化产品的顾客，一看到直接销售店里那些形状不一、种子好像能用勺子挖出来似的黄瓜，会觉得是次品或者卖剩下的。 而且，也不知道这些弯弯曲曲的黄瓜怎么吃。 作为生产者，我们觉得有必要把方法告诉顾客。”

我觉得，在经济成长期，我们丢失了一样重要的东西。不知什么时候起，我们开始深信只要能卖就行，卖就是好事，并逐渐使农业工业化。 此举确实保证了农作物的稳定供应，但同时也导致了农业的衰退，进而导致了农村的衰退。

进一步向生产者靠拢

你能看到多远，这将决定你和你的餐饮店的未来。 人们常说，“公司的寿命是 30 年。”如果只是想赚钱的话，在赚到钱的瞬间，目的就已经达到了。所以，赚钱只不过是短期的目标。目光只盯在营业额上，就看不到流行和时尚。追求利益的餐饮店只能生存到今日。只有拥有信誉的餐饮店才能在未来持续生存下去。

请你重新考虑一下，通过饮食，你究竟想要实现什么。然后你再考虑一下我的提议：餐饮店应该进一步、更进一步向生产者靠拢。生产者的努力和辛苦，要通过餐饮店这个特殊的存在，传达给顾客，进而吸引顾客把目光投向农业。如果能够做到这点，日本的农业和农村将重新焕发活力。这才是个人餐饮店、小餐饮店、地方餐饮店对祖国的回报吧！

一边经营餐饮店，一边报效祖国，这么说，听起来也许有些小题大做，但是如果连这种程度的远景规划都没有的话，很容易随着短期的经济形势的变化而忽喜忽悲，逐渐失去商业的本质。日本最贫穷的农村，变成日本最富裕的地方，正是因为大家都清楚地描绘出了幸福的蓝图。当你做的事情，与除你之外的某个人的未来相关的时候，餐饮店的情况一定会大为改观。

【今日心得】

描绘让所有人都能幸福的蓝图。

阶段 2

商业的本质

接下来的一周，是再次确认商业本质的一周。需要切身体会成功店的店主如何与顾客相处，并如何让顾客开心。学习他们做生意的方法和实践经验，确认自己的想法或者行为是否有不妥之处。

第 8 日

请算“糊涂账”

“这是餐后甜品。”

吃完主菜纳豆酱汁的牛肉饼以后，顾客一副心满意足的表情，当看到甜点，立即变得惊讶万分。 这是发生在东京町田一家生意不错的牛肉饼店“福尔摩斯”（Sherlock Holmes）里的一幕。 这里的甜品非常了得！ 只需要在正餐之上再加 200 日元，就可以得到一大份甜品，里面有好多种水果和冰激凌，味道相当不错，毫不逊色于大饭店。

前几天，由于参加一个成功店经验交流会，我去了立川店，在那里，铃木雄三社长给我讲述了甜品诞生的故事。

“大久保君，这个甜品其实是偶然发明的。”

“啊，真的吗？”

“开业之初，顾客很少，正闲得无聊的时候，我老婆问我：‘顾客想要甜点，咱们能不能做点什么？’刚好那天有人送我一些水果，我就把各种水果拼在一起拿了出去。 结果，顾客大吃一惊。”

比利益更重要的是顾客的喜悦

成功店经营者的思路很有意思。尽管再艰苦，与其赚取那点蝇头小利，不如思考一下如何让顾客开心愉快。这是一种才能。

那位顾客的惊讶让铃木社长看到了一线光亮，开始尝试将甜品在全店推广。于是在午餐时间，将甜品以 200 日元的价格提供给顾客，“惊人甜品”的效果果然不同凡响。铃木社长刚继承这家店时月销售额仅为 90 万日元，3 年后竟上升为 700 万日元。

对于开发新商品的要点，铃木社长说：“当你在思考某种新商品的时候，如果总是想着店里需要什么，就无法给顾客带来惊喜。”

随着连锁店的发展，计数管理开始固定下来。FL 成本（成本 + 人工费）不超过营业额的 60% 比较合理，这种认识也固定了下来。但是，这只限于经济持续增长的时代。如今的时代，如果商品不能吸引顾客，让顾客“迈不动脚步”，除非餐饮店所处位置非常理想，否则顾客一定不会再来，计数管理也就没有任何意义。当成本率控制在 30% 的情况下，如果没有相当高的技术水平，根本无法创造出带给顾客惊喜的商品。

“你觉得利润是什么时候产生的？”这是我的老师、兰彻斯特公司的社长竹田阳一先生，在每次研讨会上都对大家提出的一个问题。答案其实很简单，就在顾客付钱的瞬间。非常遗憾，除此以外利润不会产生。虽然如此，但是餐饮店在考虑菜单的时候，还是会从既定的成本率出发。的确，市场发展的时候，这也未尝不可，因为新顾客源源不断。但现在不同，如果面前的顾客感觉不到惊喜，则没有任何利润可言。整个餐饮业，过于依赖以顾客盈门为前提的商业形式。

兰彻斯特战略 这是公认的“以小胜大”的商业战略，以美国当初出于军事目的开发出来的法则为原型。弱者想要战胜强者，在限定战场的基础上，必须使用强者没有的武器进行作战。

让顾客震惊

我一直帮忙指导的一家居酒屋，改变路线 3 个月以后，营业额突然上涨。“店长推荐”战略开始奏效。

我最初来到这里时，店长这样对我说：“我们店里每位顾客平均消费金额不到 3 000 日元，所以只能卖 2 000 日元左右的套餐，也许有必要再便宜点。”

但是，如果再便宜的话，就无法提供能够吸引顾客的套餐。这就是效益不好的店长的思维方式。人一旦进入“败者模式”，就会只考虑自己，想着增加营业额、提高利润等，完全不考虑顾客的感觉。

我是这样指导的。

“2 000 日元的套餐，成本率是百分之多少？”

“嗯，我一直控制在 30% 左右。”

“这样说来，成本价不过 600 日元左右吧？”

“是的……”

“600 日元的话，你也没有什么特别的东西，拿不出与其他店不同的有吸引力的商品，是吧？ 所以才把成本率控制在 30%，对吗？”

“如果不控制成本率的话，根本不赚钱啊！”

“真是这样吗？”

店长一副不解的样子。

“那么，即使你控制了成本，但如果没有顾客上门的话，一样赚不了钱，不是吗？”

“必须让顾客产生‘要来就来这家店’的想法，可你却好像在告诉顾客‘我们店没有什么特别的东西’。 总之，你的心里时时刻刻必须要考虑顾客。”

“那我该怎么办呢？”

“拿出让顾客震惊的商品。 现在的 2 000 日元的套餐，成本不过 600 日元而已，和别的店没有明显的区别。 所以，现在要把售价提高 1 000 日元，成本价也提高 1 000 日元即 1 600 日元，这样的话，你能拿出什么样的商品呢？”

“那样的话，我就能拿出相当像样的商品了！”

“但是，毛利润 1 400 日元是不变的。 如果顾客数量增加的话，总利润一定也会增加。”

“确实如此。”

“与其依靠售价 2 000 日元、成本率 30% 的商品来竞争，不如推出售价 3 000 日元、成本率 50% 的商品，这样才能比较容易获胜啊！”

很多没有明显特征的店铺，都被 30% 的成本率束缚住了，完全是按部就班地在竞争。 看到有些规模较小的餐饮店被卷到低价竞争的旋涡里，我常常想，为什么不提高价格呢？

“提价”挽救店铺

像这家居酒屋一样，通过提高价格，来增加价值。 餐饮店不应该为了自己的利益而考虑该如何，应该为了顾客，在提高价格的同时，推出相应的商品，这样顾客才会上门。

告别那些自我吹嘘的税务师和会计师，摆脱 30% 成本率这个框架的束缚，尝试挑战一下“糊涂账”吧！ 没有什么能比让顾客震惊更重要的了！ 可大家一直还在纠结该如何保证现在的利润。

“糊涂账”让顾客欣喜，同时，“糊涂账”还能拯救你！

【今日心得】

让顾客震惊才是重点。

第9日

以“又脏又贵”的餐饮店为目标

前几天，我去了美国波士顿，那里一直在进行餐饮店的定点观测。在波士顿的意大利人街，我发现了一家颇有人气的餐饮店。那家店又窄又小，厨房里面可以看得一清二楚，与别的顾客一起拼桌也很正常。乍一看，是一家对顾客比较怠慢的餐饮店，可是却一直顾客盈门，周六日还要排队。

流经市内有一条查尔斯河，河对岸剑桥地区的郊外有一些餐饮店和流通店铺，我想去那里考察一下，所以安排了一位对该地区比较熟悉的日本司机。早上，我想去意大利人街喝一杯美味的卡布奇诺。当车路过一家餐饮店的时候，司机自言自语地说：“这家店一到中午就有很多人排队。”“去看看。”我马上来了兴致。也不管正是午餐预约的繁忙时间，直接走进了店里。这就是开头提到的那家餐饮店。

一进门，我惊呆了。虽然还不到11点，但是已经坐满了吃饭的客人。这家店不但厨房外露，内部空间也不敢恭维。

按照写在黑板上的菜单，我点了一份意大利面。 价格一点不便宜，都在 14 美元到 17 美元左右（大约 1500 ~ 1800 日元）。 尝了一口，“太好吃了！” 一行人都是同样的感觉，由于惊喜和感动，我们第二天又去了那家店。

“好吃、快速、便宜”已经过时

连续去了 2 次，我确信“这家店将告诉我们未来餐饮业应有的状态”。 换句话说，觉得“好吃、快速、便宜”的时代已经结束。 接下来将不再重视技术炉火纯青和味道无可挑剔，而需要在“卖给顾客什么”这一点上穷其究竟，这样的时代已经到来。

谈到“卖给顾客什么”，也许有人会说：“当然是卖吃的，还能卖什么？”的确，餐饮店就是卖吃的东西。 但现实却是，越来越多的餐饮店把钱花在装修上，结果导致人们在付饭钱的时候，感觉像是在付场地费。

以前曾经流行一时的餐厅式居酒屋，在大型饭店的排挤下，现在很多已经苦不堪言。 这类餐饮店因为设备简单，可以迅速扩张店铺。 当然，竞争也会变得更加激烈，开始面对无法提升营业额的烦恼。 参考书上面都写着“来自视觉的信息，将决定美味的程度”。 真是这样的吗？

要是这样的话，那些装修华丽、菜式精美的餐饮店，应该让人觉得很好吃才对。 但是，现实并不是那样。 我在做店铺指导的过程中发现，越是空间状况良好的餐饮店，越会让顾客觉得价格高、不好吃。

1 碗乌冬面能卖 2 000 日元的理由

以前，有家餐饮店，要说脏，那真是特别脏，脏到没法在那里吃饭。当然，这样的餐饮店，在重视 QSC、提倡“清洁卫生”的时代，基本上已经被整顿清除。但是今天，作为食物美味表演的一大道具——“又脏又旧的店”，再次成为公众关注的焦点。

当然，“又脏又旧”，并不是说不卫生、破破烂烂，而是指虽没有花钱装修，但是经过维修保养，原来的建筑依然使用的意思。这样的话，即使餐饮店的资金不够雄厚，也可以凭借一个招牌菜而取胜。对于一家“脏店”来说，重要的不是把价格范围定得和大型连锁店一样，也不是价格一定要便宜，而是将价格适当地高出 30% ~50% 就可以了。

大家有没有吃过名古屋有名的酱煮乌冬面？虽然名古屋有很多家店，但是有一家店非常有名，1 碗卖到 2 000 日元。虽说里面加了名古屋九斤黄鸡，但 1 碗乌冬面卖 2 000 日元，还是让人惊讶得不得了。

但是，前几天，在名古屋，我和一位帮助制作菜单的会员一起到那家店吃饭，再次被其卓越的销售机制所震惊。列举几项要点。

①与当地名产相符的价格设定。

②能引起食欲的纸制餐巾——“我要开吃了！”

③只用上年纪的女服务员，让人感受老店特色。

④装修不要太好，要让顾客将注意力集中在食物上。

关于第④点，我再简单解释一下。顾客基本上都是为了吃酱煮乌冬面而来的，对于这样的顾客，只要能让他们把注意力集中在食物上就可以了。相反，如果装修得太好，顾客视线的集中点就会被分散到食物以外。对食物的关注度下降，味道也就觉得不那么好吃了。

和乌冬面这样日常的食物不同，如果餐饮店以让顾客偶尔奢侈一下的菜单为中心的话，精美的装修可以给人一种不平常的感觉。也许会有人这样想吧。但是，就算装修非常讲究，如果没有人与人之间的相互联系，也很难长久地留住顾客。因为，顾客肯定会觉得厌烦的。

经济增长的时代，连锁经营是短期内取得成果的行之有效的好方法。但是现在市场已经成熟，连锁经营除了方便和价格便宜以外，再没什么好处可以提供给顾客，反而更容易陷入价格竞争的误区。

QSC 取Quality（品质）、Service（服务）、Cleanliness（清洁）的首字母而成，被认为是餐饮店经营的基本原则，分别与餐饮店的三大要素商品、待客、内部装修相对应。

变弱项为强项

一个有着 300 家店铺的连锁店，如果平均每个店铺 1 天需要有 200 名顾客光临的话，整个连锁店 1 天必须吸纳 6 万多人。 而且，正因为规模太大，改变盈亏构造、变更价格区间等会相当麻烦。 反之，小规模的个人餐饮店，根据自己的实际情况吸纳顾客就可以。 即使价格比大饭店还高，但只要明确“我要卖什么”，就能吸引一位顾客多次光临。

当然，个人餐饮店也有很多弱项：资金力量不足，给店主个人带来的负担太大，也没有全国范围的品牌影响力等。但是，我们可以把弱项变为强项，关键词就是“好吃、高价、‘脏旧’”。 连锁店正在逐渐失去顾客的支持，现在正是一个大好机会！

【今日心得】

明确“我要卖什么”。

第 10 日

把餐饮店开在“纯”农村

“总觉得农村的饭店好像不太景气……”

听到这样的话，你会有什么想法？ 如果你觉得“原来不止我一家这样啊”的话，那就大错特错了。

前些日子，我拜访了一家位于法国山区的 2 星级餐饮店。 该店名叫“Auberge Et Clos Des Cimes”，在布尔高涅南部、罗纳 - 阿尔卑斯地区的一个名叫“圣博内莱弗鲁瓦”（Saint-Bonnet-le-Froid）的小村子里。 从高速公路出口下来以后，一口气跑了 2 个小时的山路，再翻过两座山，才到达我们的目的地。

真是“百闻不如一见”。

全村人口还不到 200 人，与人相比，牛的数量看起来更多，“Auberge Et Clos Des Cimes”就位于这样一个贫寒的农村。 虽然如此，每天却有许多客人远道而来，使餐饮店熠熠生辉。 大概每天能赚 200 万日元左右吧。 这样一个人口稀少的农村，为什么会有这样一家生意兴隆的餐饮店呢？

深山里2星级餐饮店的实力

这次旅行，我们没有去巴黎，而是开着租来的车，遍访了农村的餐饮店。因为在日本人们都认为农村的餐饮店选址不好，那么法国是不是也一样呢？如果不是，那么法国农村的餐饮店是如何吸引顾客、留住顾客的呢？我们想亲自体验一下。

为什么会选择法国呢？因为二战后，法国比日本更早一步迎来了餐饮业的成熟期。

那么此行，我们是否得到答案了？回答是肯定的。在揭开这个谜底之前，我想先问一个问题：“你的饭店是一家什么样的饭店？”

这个问题你会如何回答？是“提供值得品尝的意大利面”的店，还是“充满新意、深受年轻人喜欢”的店？

遍访了法国农村的餐饮店之后，我明白了一件事情，那就是1星级餐饮店和2星级餐饮店之间，有着很大的区别。而且，2星级以上餐饮店的厨师，一定会有一个“绰号”。

例如，“Auberge Et Clos Des Cimes”的主厨雷吉·马孔被称为“蘑菇魔术师”。当地的就不用说了，法国各地的蘑菇，他都熟悉，还可以使用80多种蘑菇，做出独特的料理。

另外还有被称为“蔬菜达人”、“香草魔术师”的，厨师们的绰号真是千奇百怪。与刚才提到的“值得品尝”、“充满新意”这种暧昧的表达不同，具体表现了“这道菜我不输给任何人”，让人感到厨师十分的自信。

无论价格有多贵，只要顾客觉得自己享受到的食物值这个价格，那就有价值；如果顾客觉得钱花得不值，那么餐饮店存在的价值就等于零。无法说明价值的具体内容，只能说出“值得消费的商品”或者“充满新意的商品”这种抽象的话，餐饮店的前途将一片黑暗。

餐饮店要想获得成功，最重要的因素不是挑选位置。如果能够提供别人无法效仿的料理和服务的话，无论多不方便，顾客都能主动上门。所以，成为对大多数顾客来说“不可替代的饭店”，这才是无论身处多么成熟的时代环境，依然能够继续保持繁荣兴隆的重要条件。

客栈 能住宿的饭店。像米其林星级餐厅那样的高级酒店，在法国，农村比城市多；虽然房间少，但很多都带有客房。近年来，在日本，同样的设施也在增多。

你的餐饮店是不可替代的吗

实际上，只有这一项条件是不够的。“不可替代”不仅只是对于顾客来说，对该地区以及生意上往来的伙伴来说也必须是“不可替代”的。

3 星级厨师令人尊敬。不光是远道而来的客人，对村民们来说也是值得骄傲的。因为他让整个村子都变得富裕起来。食材选取当地产的东西，让农民和渔民受益；餐具全部独创，给当地的餐具生产厂家带来生意；顾客远道而来，出租车和酒店也因此得到好处。

相比较，你的餐饮店又如何呢？压价购买餐具和备用品，拼命寻找便宜的食材，尽最大可能压低员工的工资等等，难道不是这样的吗？

我发现，做生意确实辛苦，最后只有那些受人尊敬的餐饮店才能生存下来。如果你的餐饮店是一家受人尊敬的店，那么就应该让相关的许多人富裕起来，让你所在的城镇富裕起来，当然你自己也会变得富裕起来。如果你经营的餐饮店只考虑自己富裕的话，你的朋友、生意伙伴、你所在的地区都将对你失去信心，你的餐饮店最后也将无路可走。

前几天，和一个朋友聊天的时候，他说我的事务所一直使用的快递“佐川急便”的邮费价格太高。他劝我找个便宜的把“佐川急便”换掉，但我心里觉得就这样挺好的。因为“佐川急便”的负责人，不管多忙都能马上赶到；而且有一次我因为不会电脑的输入方法一筹莫展，尽管他当时正忙着配送货物，却把车停在路边，赶来教我输入方法。一切事务都以我方便为主，这份信用的价值绝不是金钱能买到的。

你是怎么做的呢？你是否因为“这家便宜几日元”，就轻易地更换了原来的生意伙伴？ 这样做，你不但损失了金钱买不到的宝贵价值，而且离“受人尊敬的餐饮店”会越来越远。

没有志向就没有繁荣

餐饮店应该是由你的梦想、你想表达的东西、你的人生观指引的、你的志向的一种具体体现。

志向远大的人开的餐饮店也一定志向远大，反过来也是如此。 如果你志向坚定，根本不会选什么位置，甚至也不懂流行时尚，无论别人说什么都不在意。 当然，包括我说什么，也不必在乎。 只有你内心的召唤、你的梦想、你的诚实……这些将让你的餐饮店熠熠生辉，顾客也会被吸引过来。

法国偏僻乡村的熠熠生辉的餐饮店，让我深刻认识到了这一点。 日本也有这样的餐饮店，地方偏僻得好像貉子狐狸都能来似的，生意却好得不得了。 不要把经济环境、挑选位置等外部原因作为理由，应该重新审视自身的弱点。 而且，要珍惜周围那些包容自己弱点的人们，向一直光临本店的顾客表示感谢。 那么，让我们从头再开始吧！

【今日心得】

让周围人都感到幸福才是真正的商业。

第 11 日

越是看起来好卖的东西越卖不出去

“大久保，你能帮我预约一下丸之内大厦的法国料理店‘感官花园’吗？”我的老主顾—— 一位社长给我打来电话说。

“什么？ 社长，您不是一直在附近的 A 店招待客户吗？”

“哎呀，那里呀，虽然社会上评价不错，但在当地却……”

A 店是一家老字号店铺，因服务优良受到好评，这位社长，一来客户就带到那里去。 最近，大家一直议论的大楼建成后，A 店积极开设新店，但是好像发生了什么变化。

“以前我打电话预约，只要报上名字，对方就知道我需要什么，现在必须说得清清楚楚明明白白才行。 我认识的那个老练的服务员也不见了踪影。”

因为那是一家评价非常高的餐饮店，所以我想这位社长是不是有些个人偏见呢？ 不过我又想起来，另外一位熟识的、经营广告牌的社长也和我说过类似的话。 “大久保，A 店现在不行了，原来那么好的一家店，现在好像是在银座又开了一家分店，主要人员都调到那里去了。现在我去总店没人认识我了，完全是陌生人的待遇，真伤心啊。”

算数行不通的时代

既然下决心要多开几家店，就应该适当培训一下服务员，想办法维持原来的好评。本来我对A店很有信心的，但现在实际情况却完全不同。

评价一家餐饮店时，很多情况下我们会把商品、服务、内部装修等构成要素单个进行分析。但顾客却是对各种要素构成的整体进行评价的。而且，这种评价不是简单的加法，而是不规则的乘法运算。所以，一点点的增减就能带来很大的变化。

即使店员水平相同，但是昨天的店员和今天的店员不可能提供完全相同的服务。即使店方自认为提供的是相同的商品、服务和环境，但对顾客来说每个瞬间所产生的感觉却是不同的。夸张一点，就算是相同的、原来得100分的店铺，现在也许只能得到10分。

餐饮店经营不能靠算数。以前可以通过计算顾客需要的东西，然后开店。学习市场战略的基本知识，思考一下必要的东西，制定企划书，只要按照企划书执行就可以。即使现在，那些靠地段好做生意的人，还在像做算术题一样，全靠“规则”来经营店铺。问卷调查及市场调查也依然有效。

但是，应该普及的东西普及完毕以后，完全按照企划书经营店铺的话已经行不通了。如今的时代，顾客去餐饮店并不是因为必须去，而是因为“喜欢”、“梦幻”、“待着舒适”、“可以忘记现实”、“可以留下美好的回忆”等等感情因素的影响。

我因为工作关系，见过很多优秀的企划书，但很多好的企划并没有在餐饮店中体现出来。无论聪明人怎么拼命思考，靠计算来经营餐饮店是行不通的。

曾经并不好卖的意大利面

茨城县的一个小镇上，有一家烤饼红茶专卖店。这家店临街而建，原来是以意大利面为中心，经营正餐。乍一看，午餐应该是有很大需求的，但如果靠午餐来获得利润的话，餐饮店的规模以及符合需求的桌椅必须重新考虑。

顾客觉得“肚子好饿啊”的瞬间，也就是正午过后的一段时间，最多不超过13点。过了这个短短的时间段，“冲动来店”的人数会剧减。店铺规模小，桌子以四人座为主，并不适合“冲动来店”。而且，看起来很好卖的意大利面的竞争也会非常激烈。

任何看似合理的事物肯定都有缺陷。“应该卖看起来好卖的东西”似乎是正确的，不，应该说要是地段好的话这句话就正确。但现在竞争这么激烈，并不是只有自己才能想到“这个东西好卖”。别人想不到但是你能想到，如果你具备这样的能力，就不会因为营业额而烦恼了吧。但是现在，看起来好卖的东西大家都在卖。

对需求的把握、问卷调查、不记名市场调查……这些虽然在很多情况下都被提到，但不管怎么说，只不过是对销路不好的原因进行的一种假设而已。虽然接待顾客做得不好，商品力欠缺并且店铺陈旧，但依然繁荣的餐饮店比比皆是。因此正是这种“合理化”，阻碍了店铺的发展。

这家以意大利面为中心、只有12点到13点客满的餐饮店找到了我，寻求我的指导帮助。于是，我考虑让餐饮店到16点之前都座无虚席。“不要让顾客饿了的时候才来，而要让顾客喜欢这里，并愿意在这里度过一段时间”，我把思考的方向转到此处。

为了得到启发，我一直在店外守候，在闲暇时间段，多次有顾客进到店里又出去了，不知道要点什么。

“那些顾客要点什么啊？”我问店主夫人。店主夫人回答说：“要点手工制作、新鲜出炉的烤饼。我非常喜欢烤饼，所以就烤好了拿出来。”她又说：“其实我一直都非常想卖烤饼和红茶。”

一直想卖的烤饼

其实，烤饼和红茶菜单上都有，但却卖不出去。于是，店家找了一个合理的理由：“意大利面好像很好卖。”于是开始卖意大利面。其实，无论是店长还是店长夫人，他们都陷入了这个“合理”的陷阱。

要是卖那些不好卖的东西怎么样？方法非常简单，只要卖掉就行。不用想“怎么才能卖出去呢？”“卖东西”本身最重要。如果是不擅长做生意的人肯定想不到这点。

在这家店里，销售方法是关键。商品不想单个出售。进店时，只要大人支付700日元、小孩300日元，就可以采用自助的方式，随意享用烤饼和红茶。店铺正中间放一张椭圆形的大桌子，上面摆放5种烤饼和果酱，吃烤饼时必不可少的浓缩奶油，以及20多种红茶。玻璃茶壶闪闪发光，让人心旷神怡，一边与朋友享用烤饼和红茶，一边悠闲地度过美好时光……这就是我设想的场景。

该店按我的设想实行一年以后，顾客络绎不绝，生意兴隆。

不是“看起来好像好卖”的东西，而是“我想卖的东西”——这看起来可能觉得不合理，但是，如果能够达到打动顾客的地步，餐饮店肯定会生意兴隆。这家餐饮店的例子就证明了这一点。不但要让顾客填饱肚子，还要让顾客在食物上得到享受、实现梦想、充实心灵。所以不能光追求“合理”，还要让顾客能够享受，这点非常重要。

【今日心得】

卖自己想卖的东西。

第 12 日

无视世间的标准

“呀，这不是醋吗？”

这是前几天我在饭尾酿造采访时的一幕。饭尾酿造位于京都府宫津市，那里因“天桥立”而名声远扬。饭尾酿造一直以来致力于醋的酿造，是一家“醋屋”。社长饭尾毅曾经在受大家欢迎的漫画《美味大挑战》中出现过，是个了不起的名人，被称为酿醋业界的奇葩。

由于丰收等各种各样的原因，有些农作物会出现剩余，饭尾酿造就是利用这些农作物来生产醋的。含有大量多酚的红芋醋、若埃尔·罗比雄（Joel Robuchon）高度赞赏的无花果醋等都是这样生产的。但是，这些醋严格来讲其实不能叫做“醋”。根据日本农林规格（JAS）的规定，因为没有尝试过用红芋和无花果做原料，所以没有明确的定义，这些醋也就不能叫做“醋”。

直到不久前，我们从事餐饮业的人，对醋这种食材没有特别的要求。只想着怎么才能买到便宜的醋，对于原材料、酿造天数、酿造方法等，并不太在意。

花 13 个月的时间来酿造醋

举个例子，从理论上来讲，酿造 1 公升的米醋，需要 120 克的大米，但实际上，几乎所有的米醋都只使用三分之一，即 40 克的大米。你注意过这一点吗？

为什么会这样呢？这就是特别之处。原因就在我们一直放心并信任的规格和标准上面。JAS 规定，只要使用 40 克大米就可以称为“米醋”，但是绝大多数消费者，对此却毫不知情，甚至就连专业的厨师们，基本上也都不清楚。

饭尾社长之所以被称为酿造醋业界的奇葩，就是因为他无视这些规格，只想着为顾客提供好吃的醋。比如说对原材料的执著：饭尾酿造为了使用有机无农药的大米来酿造醋，专门到不易受农药影响的深山开垦田地。同时也保护了梯田，保护了日本的风景。

为什么要做到这种程度？那是因为，饭尾社长只想让顾客开心，“就算贵也要酿造好吃的醋。”

饭尾酿造采用的是“上面发酵”的方法，即在木桶的上面发酵。用这种方法酿造醋竟然需要花费 13 个月的时间！但酿出来的醋香气浓郁、酸味适中、口味醇厚。这和用强制接触空气、加速发酵进程的醋酸发酵法酿出来的醋，味道截然不同。也正因如此，饭尾酿造生产的糙米醋，做菜的时候不需要加“高汤”，只需要加点盐即可。用这种费时的酿造方法酿出来的醋中含有氨基酸，溶解后味道醇厚深远。

告别饭尾酿造以后，我们到达了当天住宿的地方——“葡萄酒与住宿千岁”。这家旅馆和我的朋友衫本君一家交情甚好。衫本君在我前面提到的“Auberge Et Clos Des Cimes”餐厅工作。

由观光旅馆变身而来

店主山崎社长，是这家旅馆的上门女婿。这里原来和日本其他观光地的旅馆一样，只是接待修学旅行的学生，但现在山崎社长把它变成了“接待一般客人的旅馆”，也就是小客栈，重新开始经营。客房虽然只有 8 间，但其中的 7 间几乎每天都有人住，非常受欢迎。

以“和式”为基础的料理，大量使用丰富的海产品，并搭配与之相适应的葡萄酒。该店追求当地食材与葡萄酒的完美结合，每天不断加以改良。在顾客使用不到的地方，有一个大洗漱台，曾经是修学旅行的学生早晨刷牙洗脸的地方。这里平时不对外开放，所以至今仍有当年的痕迹。

山崎社长作为葡萄酒商非常有名，为当地很多酒店提供与众不同的葡萄酒。在新馆 2 楼的酒吧里有一个酒窖，那里储藏着非常罕见的、特定年份的葡萄酒。也是由于这点吧，山崎社长几年前在天桥立的对岸盖起了天桥立葡萄酒厂。从葡萄到葡萄酒的发酵过程中，会产生一种既像葡萄酒又像葡萄汁一样的清爽饮料。山崎社长把这种饮料提供给旅馆的客人，也是因为葡萄酒厂就在附近非常方便的缘故。

山崎社长可以算是旅馆界的奇葩。为了采购葡萄酒，会亲自去法国，希望顾客也能体会到自己的喜悦，并把这种想法具体化。山崎社长的身边，到处都是顾客的笑脸，他的浑身都散发着独特的光芒。

现在，商业的目的并不明确。当大家都处于成长的时期，商业的目的非常简单，要想富裕只要努力就行；要想提高营业额，只要多开几家店就行；只要不给顾客带来不满就行；要想增加利润，实行数字化管理就行。

但是，成长的时代已经结束。想要什么随时都能得到，在这种情况下，仅依靠“扩大”这个目的，已经无法让顾客满意。

社会正在发生巨大的变化，但是却有很多人无法转变思想，或者不如说，因为这些人拼命想要保住自己现在的状况，所以就产生了规格和标准。

规格和标准，在保护顾客免受奸商侵害这个意义上很有价值。也为更多的顾客带来了“丰富的商品”，这也许是物质富裕的最低要求。

但是，这些规格和标准，却不是为了给顾客带来喜悦和开心而制定的。因为这些标准基本上都是根据业界的有识之士的意见而制定的，为了不给业界的商业惯例带来影响，其结论很大程度上是在妥协的基础上成立的。

制定自己的标准

本来，如果能够与顾客之间相互信任的话，标准根本没必要存在。信用才是商业的核心。但要想获得信用，我们对商业的态度非常关键。为了让顾客开心而不断进行的努力、为顾客所做的考虑等，这些将为你和你的餐饮店之间缔结坚实的纽带。

现在，忘掉业界的标准，为了顾客，制定你自己的标准吧！你将成为主角，你的价值观、信念、宏伟梦想都将传达给顾客，这些才是“后餐饮普及时代”的关键词！

不是卖不出去，只是因为把“卖”作为目的，所以卖不出去。不是不赚钱，只是因为把赚钱作为目的，所以不赚钱。在这种想法的基础上，观察一下世间的标准，你就会发现你应该做的事情了。

商业的目的，并不是一定要获得财富。为你的人生，你的家人，以及支持你的顾客带来丰富的体验，这个行动本身才是商业的价值。因此，你该怎么活，这个问题现在必须考虑清楚。

【今日心得】

思考：怎样给顾客带来丰富的体验？

第13日

不要错过“暂时性顾客”

“大久保先生，哪里有卖水的啊……”

每年，为了学习成熟时代的商业模式，我都要组织去欧洲或美国的视察研讨会。刚才的对话，就发生在中转地——意大利米兰，我们只是在那里住一晚而已。

所以，为了节省点住宿费，我预约了一家便宜的旅馆。在旅馆里找了半天，也没找到卖矿泉水的地方。大家都以为，一瓶水而已，应该随时随地都有卖的，没想到在米兰却并非如此。

在日本，只要不是极特别的场所，到处都有便利店，很容易就可以买到水。但是，国家不同，情况也不同。我们绞尽脑汁，忽然想到了麦当劳，于是就在都过了午夜12点的时间，冲进了麦当劳。意大利人骄傲地认为，米兰的麦当劳是世界上最时髦的麦当劳，但服务却与别的国家没有多大的区别。在店里，卖1欧元多的水摆放得整整齐齐，我们一下子买了12瓶，不由地苦笑：没想到在意大利遇到了困难，竟然是跑到美国的连锁店来解决的。

年轻人的变化

随着便利店的大量出现和市场饱和，整个社会变得越来越方便，消费者，特别是年轻人的行动模式开始发生变化。市场的成熟不知不觉中彻底改变了我们行动基础的常识，如果意识不到这种变化，商业早晚会落后于时代。

我前几年与小我 15 岁的妻子结婚。由于年龄差距，我们在许多方面价值观的不同到了让人震惊的地步。正是因为身处这样的环境，作为市场调查员的我有了意想不到的发现。

例如，我和妻子都喜欢看电影，所以经常去电影院。妻子的行动非常有趣，刚结婚的时候，我甚至无法理解，但现在我知道，那是时代的潮流。

我所说的妻子的行动，是指去看电影时的行动安排。我总是事先查好上映时间，再提前去电影院，排队等待入场。但妻子总是先去电影院，然后再决定看的时间，根据看电影的时间再决定吃饭的时间和地点。

也就是说，妻子完全是一个“复合型电影院时代”的年轻人。复合型电影院与以前的影院不同，一个建筑物里有许多个屏幕，随时可以对号入座，看自己喜欢的电影。而且，人气电影上映的时候，电影院会增加上映厅，观众不必排队等候。另外，复合型电影院一般与购物中心相邻，还可以通过购物、吃饭来消磨时间。所以，总之先去电影院就可以了。要是先在电影杂志 *Pia*、*Tokyo Walker* 上查看上映时间，然后再去繁华地带看电影，这些都是我们这个年纪的人才有的做法，已经过时了。

“让顾客带着目的来店”非常困难

物质剩余的时代，“总之先去星巴克”、“总之先去麦当劳”、“总之先去优衣库”、“总之先去车站内商店”等等，“总之先去看看然后再决定”这种行动模式已经渗透到年轻人当中。没有明确的目标，只要出去，外面应有尽有，尤其是在商业设施极其完备的大城市，这种“到了之后再决定”的倾向尤为明显。除了特别情况，带有目的性地去哪家商店，这样的顾客在不断减少。

因此现在，让顾客带有明确目的而来店变得越来越难。没有像样的战略和技术，硬要让顾客带有目的性的来店，反而会招致令来店顾客减少的危险。“总之先到繁华街去看看，总会有办法的”这样的大城市，和情况完全相反的地方经营小城市，营业的方向性都在发生变化。

支持“总之先去繁华街看看”这样“暂时性顾客”行动的，就是由瑞可利（Recruit）发行的《胡椒蓓蓓》（*HotPepper*）等免费的信息杂志。一个区域内的多家餐饮店都登载在免费杂志上的话，那些“暂时性顾客”就会要么流向地段好的餐饮店，要么流向杂志上的餐饮店。无法吸引顾客带有目的性的来店，并且没有什么值得一提的特征，这样的餐饮店就要陷入困境了。

现在，连很多地方小城市，也开始普及这种免费杂志。来到繁华街，没发现好的餐饮店，于是看看免费杂志，凭优惠券来到店里。这种模式在地方小城市也有所增加。必须根据将餐饮店信息登载在免费杂志上，来改变吸引顾客的战略方向。

我们来逐个阶段性地说明一下。

首先是没有免费杂志的状态。尽管不久前，这还是理所当然的事情。顾客边走边选择餐饮店，所以要想抓住过往的顾客，外部装修和招牌策划非常重要。繁华街来往的行人众多，外部装修要能够引起人们的好奇心，招牌要能让人感受到店铺的魅力，只要做到这一点，就能抓住顾客的心。

接下来是“去之前先调查”的阶段。就算顾客去了繁华街，如果没有好的餐饮店一样会为难，所以需要事先了解信息。这时候，美食杂志、餐饮店主页、餐饮店检索网站等就变得十分重要。

但是，由于免费杂志的普及，采取“总而言之，先到繁华街去看看然后再调查”这种行为的人越来越多。这样一来，如果没有将餐饮店信息登载在免费杂志上的话，就根本不在人们选择的范围之内了。不得已只好花钱在免费杂志上登广告，但是因为版面有限，很难表现出与其他店铺的不同之处。结果，降价起了决定性的作用，大家开始陷入降价大战。

其实，即使不降价，也有办法吸引这些“暂时性顾客”，因为他们不会只去某一家店，所以只要让他们觉得“看起来好像不错”，就可以了。

成功的方法之一，就是在门口大声招揽顾客。这也是将顾客吸引到店里促销的一种方法。在没有颁布“禁声令”的地区，越来越多的餐饮店采用了这种方法。

滚动招牌的可能性

还有一种能成功吸引“暂时性顾客”的方法，那就是在一部分繁华街开始“走红”的滚动招牌。如字面所示，将料理和接待顾客的图像滚动播出，就能把餐饮店的整体氛围传达给顾客。与单纯的文字和图片相比，滚动招牌可以播放更多的信息。而且，可以让顾客产生身临其境的感觉，好像自己正在吃饭一样，吸引他们进店一看。总而言之，让那些徘徊在大街上的人在看到免费杂志之前，先产生“看起来好像不错”、“好像挺有吸引力”、“总之先选这家吧”的想法，基本上他们都会进到店里。

有目的地来到餐饮店的情况比较特殊，而且并不多见，在所有的动机中，大概占10%左右。与之相比，还是得到那些“还不知道去哪家店好”的“流动票”比较好。而滚动招牌正是实现此目标的强有力的工具。

【今日心得】

对顾客的变化要敏感。

第14日

调查竞争对手已经落伍

“竞争对手越来越多，营业额不断下降啊……”

经常有餐饮店的店主给我打电话，诉说营业额不佳的烦恼。

这种时候，很多餐饮顾问肯定会使用一个词“店铺比较”（Store Conparison）。可能有人不了解这个词的意思，我解释一下，它是指“调查竞争对手的店铺”，即到同一商业圈的竞争对手的店里，找出自己店铺没有的菜单或者比较出自身的弱点，作为自己店铺的参考。

餐饮顾问最喜欢说的一句话就是：“你的店和别人的店相比……”乍一听，好像很有道理，其实不然。

有一个领域也经常听到类似的话，那就是教育现场。“您家的孩子和别人家的孩子相比，英语……”与身边的人竞争，提高学习能力，日本的教育就是这样荒废的。拼命学习，进入好的大学、好的公司，获得高收入……结果呢？

竞争导致模仿

日本看起来很富裕，实际情况却并非如此。 粮食要花钱从世界各地购买来，结果导致别的国家产生贫困。 而且，购买来的粮食，有27%左右被废弃掉。 这样看来，日本所谓的“富裕”实在太不靠谱了。

“虚有其表”的“物质剩余”的日本。 既然不靠谱，那么每个人都应思考一下怎样才能变得幸福。 一味地追求金钱等经济方面的东西，同时在与他人的竞争中求生存，现在应该抛弃这种想法！

你的生意也是如此。

与作为供给方的餐饮店相比，需求方——顾客的数量更多。 餐饮店之间相互模仿，顾客就会哪家店都去。 当然如果能够学习对方的长处，就可以防止自己输给对手。 所以，关注对手也是有益处的。

但是现在餐饮店数量增加，顾客可以随意选择餐饮店。总之，在供大于求的时代，餐饮店必须具备自己的独特之处，这一点十分重要。

我之所以说“店铺比较”已经过时，就是因为我认为顾客并不是因为你的店完美无缺才来的。 顾客为什么会光临你的餐饮店，因为“喜欢”。

我希望你能好好思考一下。 就算你到竞争对手的店里去，“这个不错，归我了”，把对方的“好东西”据为己有，你的餐饮店的魅力也不会增加，相反，甚至还有可能会扼杀自己餐饮店的魅力。

人们之所以能感受到魅力，是因为人们能够在不知不觉中感受到从无到有的高水平的努力。每次读料理评论家山本益博先生在《日经餐饮店》的连载专栏“跟一郎学习专家的工作哲学”中撰写的文章，我都非常震惊。一郎看到的东西之所以能让读者如此着迷，是因为他在别人看不见的地方默默地努力着，这种努力通过“PLAY”的形式表现出来，打动人心。可是，你却在模仿对手的形式上的东西，这是多么愚蠢的行为！

能否得到人们的喜爱，是自己和自己的战斗。让来店的顾客一直喜欢自己，这也是自己和自己的战斗。不了解这一点，就无法真正让顾客喜欢自己。

关注别人的店铺不如关注顾客

纽约百老汇有一部叫做《金牌制作人》的人气音乐剧。这部音乐剧在偏重歌舞的百老汇引起了轩然大波。

故事情节非常简单，讲述的是1959年的百老汇，曾经风光一时的制作人马克斯·比亚里斯托克与懦弱的会计师里奥联手，挑战终极诈骗的故事。

两人以付不完的利息为前提，吸引大量资金，决定排演出一部拙劣至极的失败剧目。如果阴谋得逞，就不用付利息，多余的钱还可以揣进自己的腰包。于是，最拙劣的剧本、最蹩脚的演员……终于到了演出当天。但是，具有讽刺意味的是，演出竟然获得了巨大的成功。

为什么这部音乐剧会大受欢迎呢？ 因为它以同名电影为原型改编而成，而该电影是由美国的喜剧之王梅尔·布鲁克斯制作的，并于 1968 年获得了奥斯卡奖。 该故事情节紧凑幽默，让人忍不住开怀大笑，所以在百老汇经久不衰。

现在，你只注意身边的人和事，却忘记了要不断提高自身的能力。 现在已经不是靠竞争取胜的时代了，人们的生长环境不同，生活条件不同，相关人员的价值观不同，甚至喜欢的对象也不同。 要想让对方感受到魅力，必须能够互相理解，并且具有相似的价值观。 把重要的人作为顾客来关心体谅，敏感地捕捉对方内心的变化，这才是最重要、最有效的经营战略。

关心眼前最重要的人！

如果能够做到这一点，顾客就会感动、喜欢并感谢你，你的餐饮店也会充满梦想、充满爱、充满温情！

不要过于关注你的竞争对手。 太过关注，将流于模仿，失去个性。 这样一来，顾客也不会上门。 因为，没有成功的原动力——心灵的力量！

不完美也是一种独特。 与其为不完美而苦恼，并想要改正，不如为顾客做些只有你才能做到的事。

不必争取胜利，只要做好你自己。

【今日心得】

最大的对手是自己。

阶段 3

常识的陷阱

无论是社会还是顾客都在发生着巨大的变化，曾经的“常识”已经行不通。这个时候，要能查缺补漏。如果觉得辛苦，就会在不知不觉中偏离正确的道路，迷失方向。请认真思考一下什么才是你应该做的。

第 15 日

取消“今日推荐”菜单

这件事是由一个电话开始的，是我事务所发行的音像杂志《梦——商通信》的一个读者打来的。

“转行已经半年了，但是烤鸡肉串居酒屋的营业额却急速下降，您能不能帮我想个办法？”

是“急诊”，我决定赶紧飞车前去看看。

“果然……”

我到店里一看，马上就明白了营业额下跌的原因。无论是今日推荐菜单还是店员服务，都无法给人留下什么特别的印象。

地段好、歌厅大、方便等等，如果靠这些招揽顾客的话另当别论。但是一般的店要想让顾客再次光临，就必须给顾客一个理由，或者必须有能打动顾客的地方。

今日推荐直接关系到餐饮店形象

其中起着重要作用的，就是“今日推荐”菜单和套餐。

如果顾客是第一次来的话，一般都会从这里开始尝试，因此直接关系到餐饮店的形象。 几乎每次去那些顾客数量减少、营业额下跌的餐饮店时，我都发现是因为“套餐太无聊”。这是我去另外一家法国料理店“问诊”时发生的事，套餐中的鱼是“干蒸加吉鱼”，肉是“烤牛里脊”，看了以后我不由自主地责问厨师：“为什么套餐这么无聊？”

厨师说：“因为要考虑成本，再说也没有顾客不喜欢啊！”“万人缘”说明这个套餐没有任何特色，而厨师还没有意识到这一点。 这家居酒屋也是如此。 最近，不管去哪家店，都有“爽口沙拉”和“松脆鸡块”。 大家都是一个厨师教出来的，还是《日经餐饮店》出版的食谱看多了呢？

所以我想说：“取消‘今日推荐’菜单吧！”

也许你定的价格确实都是“良心价”。 反复试吃，拼命努力想让味道更好。 从价格来看，你真的做得不错。

但实际情况却不是这样。 顾客不用特意来你的店里，在随便想起的哪家餐饮店、在大家都议论的餐饮店、在偶然从杂志上看到的餐饮店，同样可以吃得很好。 如果不挑食的话，恐怕在大型连锁店都能解决吃饭问题。

在经济迅速增长的市场成长期，就算顾客不能成为回头客，还会有其他的新顾客来。 但现在不同，因为顾客有数不清的餐饮店可以选择。

美食杂志是顾客离开的原因吗

美食指南、网络等，媒体的发展更加助长了这股风潮。

上次去美国的时候，参加视察的人员拿着美国著名的美食指南《餐饮调查》（*Zagat Survey*），并且用荧光笔在店名上做记号。

“你做记号的这些，是好吃的餐饮店吗？”我问。“是我去过的餐饮店。”对方这样回答。是的，对这位参加者来说，餐饮店去一次就是目的，如果没有什么特别的事情，去过一次就足够了。餐饮店利用媒体的目的是让顾客了解餐饮店和记住餐饮店，结果媒体反倒成了无法让顾客成为固定客人的原因。

尽管如此，我的那位读者——烤鸡肉串居酒屋的店主，却并不明白这个道理。

“只要提供美味的食物，顾客就会成为回头客”的常识已经被否定。“顾客来一次就再也不会来了”，如果想到这一点的话，就应该意识到：是时候立即取消老掉牙的“今日推荐”菜单了。

法国料理界的泰斗保罗·博古斯（Paul Bocuse）在里昂郊外有一家餐饮店，多年来一直都是米其林3星级。我曾经参加过博古斯在日本举行的品尝会。品尝会上提供的料理，均由博古斯本人亲自完成，因为全世界的法国料理店都会来“学艺”，所以这次他做的都是古典、正统的法国料理。但是那个味道却只有保罗·博古斯才能做出来。这次体验——保罗·博古斯的料理，一直留在我的记忆深处。即使是现在，我也能回想起马铃薯的口感和酸甜的白色调味汁（白沙司）的味道。

为什么会记忆如此深刻呢？因为这里有博古斯的人生观。

二战后，法国比日本先一步迎来了经济高速增长期，在餐饮业方面，也比日本早一步迎来了成熟时代，即顾客随意选择餐饮店的时代。

在这样的法国，自然而然产生了“品尝套餐”（Menu Degustation）。该套餐吸取了日本怀石料理的要素，融入了厨师的人生观，可以体会到厨师迄今为止的人生精华。可以说这是一种“怀石风”的、具有独创性的套餐。比如“蘑菇魔术师”雷吉·马孔的“蘑菇套餐”就是他的招牌菜。被称作“蔬菜魔术师”3星级主厨米修·布拉斯（Michel Bras）大量使用当地的野菜，做成了招牌菜“发现自然套餐”。令人不可思议的是，所有成功的餐饮店里都有能让顾客再次光临的套餐菜单，即使烤肉店也是如此。在大阪府千里的地方有家烤肉店叫做“但马屋”，那里虽然一位顾客要6 000日元，但就连以“讨厌排队”闻名的大阪人都愿意排队2个小时以上等候。因为“但马屋”每天都要进一只最高级的“和牛”，认真研究烹饪方法，不浪费任何一个部位，为顾客提供美味的料理。正是这种诚心吸引了顾客。

将人生观融入料理

如前所述，经济增长的时代，为了让更多的顾客接受自己的餐饮店，通过制作“万人缘”的套餐、举行宴会等，可以确保获得较高的收益。 但现在，顾客随时可以选择自己喜欢的餐饮店……大家已经注意到这点了吧，如果第一次去的那家餐饮店，套餐普普通通，与其他店没什么两样的话，顾客绝对不会再来第二次。 更何况，只是为了凑数才准备的、无可救药的单点菜品，一旦顾客点了这些，那就真的“Game Over”了。

你推荐的能够登上美食杂志、多数顾客都能接受的菜品，实际上正在缩短餐饮店的寿命。

你必须要做的是让顾客感觉到“非你莫属”。 不必考虑让大多数顾客都能接受，即使接受的顾客的数量很少，但只要顾客吃完之后点头称赞、不知不觉下次又来了就可以。 或者，让顾客忍不住把自己的美味体验告诉朋友和家人。 创造出这样的菜品，才是你要做的。

“首先要亮出你的绝活！”

机会只有一次，不要给顾客留下选择这个那个的余地，告诉顾客：“本店料理，仅此一种！”因为面前的顾客，也许以后再也没机会见到。

【今日心得】

将人生观融入菜单。

第 16 日

不要再以女性顾客为目标

“大久保先生，听说您曾经在专门学校当过讲师，是吧？”有一次，我上门做指导的时候，一位餐饮店的店主这样问我。“你为什么问这个问题？”“我想从女性的角度考虑商品和菜单，所以希望你能给我介绍一位你教过的女学生。”

的确，女性在社会上的作用越来越大。人们认为，不仅是食品，包括产品的开发，女性的观点变得越来越重要。但只是录用女性职员，把商品和菜单研发交给女性，就能让餐饮店发生改变吗？

每个公司都有自己的“风气”。所谓的“公司风气”，就是指多年来培养的公司文化。餐饮店的氛围也是如此。餐饮店现在的氛围，是作为经营者的你，和支持你的员工们共同创造的。即使多两位女性员工，也不会轻易改变餐饮店的氛围。因此，女性喜欢的餐饮店，只能由擅长打造此类店铺、具有此种氛围的餐饮企业来完成。

与时尚相同

在物质生产的市场扩张期，男性处于主导地位。男性重视理论上的说明，所以像QSC那样的易于理解的说明，就成了评价餐饮店的标准。但是餐饮市场现在更重视故事性和场景，人们开始追求只能在某一家店才能获得的独特体验。因此，除了餐饮店的内外装修、料理和服务以外，还要有能让顾客感动的场景，以及让顾客沉醉的策略，并且这些必须做得不留痕迹。

这一点和时尚非常相似。衬衫、夹克和裤子，这些衣服的款式、品味和色彩搭配等必须恰当，这就需要具有一定的整体协调的搭配能力。

整体协调的搭配需要做到整体的平衡，每个部分和细节都要搭配得当，缺少任何一部分都会不协调。

所以，在市场成熟期，根据男性的视角打造的餐饮店，即使现在让女性在菜单上稍作改变，餐饮店也不会发生根本性的变化。而且，女性设计出来的与原来不同的菜单，也许会打破整体的平衡感，反而会失去现有的顾客。

那么，究竟应该怎么做才正确呢？这就是现在我要告诉大家的非常法则，明确地说就是，打造“大叔”风格的饭店，为了自保，必须果断抛弃女性顾客。“大叔”文化不是一朝一夕就能改变的。

“大叔的店就要以大叔顾客为对象！”

如果无论如何都想以女性顾客为对象的话，最好做到以下两点。

一是要做好心理准备，解雇所有的男性员工，全权交给女性员工处理。让女性自己去挑战激烈的战斗，彻底推翻迄今为止培养起来的“大叔”文化。必须做好迎接重大牺牲的思想准备，如果能做到这一点，也许问题就不会太大。

二是聘用“型男”。能让女性高兴的并不一定是女性，“型男”可以对现有条件进行调整，刺激女性的“穴位”，使之开心。能够俘获女性心灵的，只能是改变了罗马的凯撒那样的男人。越过卢比孔河、攻陷罗马的凯撒，作为击溃庞培的勇士为众人所知，同时，征服罗马以后，俘虏了罗马城中的妇女也令他扬名。你的公司或者你的餐饮店里，是否曾有过这样一位男子：欺骗公司的女职员，给大家带来麻烦……这种男人，我们知道，他取悦女性的手段实在是高明！

如果你自己不是“型男”，你的公司里也没有“型男”的话，还有，如果一切不能全权交给女性进行彻底改革的话，你就最好放弃以女性顾客为对象的想法。

不要以女性顾客为对象

首先我要说的是，“没有女人缘的店主”不要以女性顾客为对象。最了解“大叔”顾客的，应该是“大叔”自己。

没有必要逞强，想想“大叔”顾客最想要的东西是什么，做“大叔”顾客的救世主吧！

年过四十、微不足道的“大叔”，他们的愿望是什么呢？

比如，想获得女性的青睐。

比如，想重塑威严。

比如，想找人聊天。

比如，对料理产生兴趣。

让“大叔”打起精神就行，大叔们就想意气风发，精神百倍！

东京·新桥附近有家叫做“豚娘”的小店。这家店是专门面向“大叔”顾客的、站着喝酒的烧烤店。通常，像烤鸡肉店这样的烧烤店，都是由“大叔”来做烧烤工作。但是在“豚娘”，没有一个男性职员。从烤台前面的烧烤厨师到服务员，清一色全是女性。

这可乐坏了“大叔”们。隔着服务台，与和蔼可亲、平易近人的女店员，有一搭没一搭地聊天，店员们一点架子也没有；虽然“大叔”们的零花钱越来越少，但还是在允许的范围内，尽情吃喝。现在也是如此，“大叔”们为了给自己“充电”，挤满了整个店铺。

发源于名古屋、现在日本全国都有分店的鸡翅膀名店“世界的小山”，也是“大叔”们的理想场所。虽然不是很高级的店，但“大叔”们可以在这里开怀畅饮。

几年前餐饮业的情况不是这样的。一直以来，女性们很少在外面吃饭，对于餐饮店来说，女性顾客都是新顾客，这成为一个吸引女性顾客的好机会，可以让餐饮业成长起来。于是，大家争先恐后地把餐饮店变成女性顾客喜欢的样子，“大叔”们反倒变得与餐饮店格格不入。他们与漂亮的装修不搭配，破坏了整体的氛围。“大叔”们因为女性顾客的光临，变成了不受欢迎的存在。

让“大叔”们快乐些吧

不幸的是，“大叔”店主经营的餐饮店也开始效仿起来。让女性顾客一见倾心的菜单、漂亮的内部装修、良好的氛围……越变越让“大叔”顾客们无法登门了。

但是，“大叔”们发话了。

“从现在起，要恢复‘大叔’们的自由和尊严！”

喜欢在外面吃饭的“大叔”们的餐饮店，要由“大叔”自己来打造！

“大叔”们在等待！

只有“大叔”自己才能做到这一点！

因为，“大叔”是最了解“大叔”的！

【今日心得】

不适合餐饮店氛围的事情不要做。

第 17 日

不要依靠午餐经营

居酒屋竞争激烈的时候，很多餐饮店在午餐经营上找到了一条活路。当时，午餐经营确实拯救了不断下降的夜间营业额。

而且，午餐也成了夜间经营的宣传契机。大家相信，便宜的午餐可以让顾客体验到料理的味道，使餐饮店的知名度提高，对顾客夜间光临起到一定的推动作用。

但是，现在午餐经营的竞争也日益激烈。东京都内，价格低廉的意大利料理“萨莉亚”（Saizeriya Co., Ltd）等家庭餐馆数量不断增加；“大户屋”等套餐连锁店比比皆是；就连以“快速、便宜”著称的午餐市场的主力成员“牛肉盖饭”连锁店也开始强化套餐菜式；便利店的数量也在增加。作为一名消费者，午餐时可以选择的餐饮店多到不胜枚举。

午餐经营也要激烈竞争

十几年前，我曾经在“炸猪排新宿胜博殿”的荻窪店当过店长。当年即使不特意推销午餐也一样顾客盈门，现在想起来真是令人怀念！顾客人均消费 1 200 日元，最便宜的套餐是“炸鸡套餐”和“炸里脊套餐”，两个都是 980 日元。我当时所属的公司，在写字楼里开了家分店，因为在大楼里，一到中午，店门口就放一张桌子，上面摆满了盒饭，加上价格适宜，所以盒饭很快就卖光了。那个场景我至今记忆犹新。

但是现在，需求和供给的平衡已经完全逆转了过来，午餐经营也进入了餐饮店剩余的时代。作为餐饮店，本来打算通过满足顾客的午餐需求，显示生活的便利性，结果反倒令餐饮店变得没有任何特色。

所以我想问大家：“为什么要大力进行午餐经营？”的确，午餐曾经成为顾客了解饭店的契机，并且成功地让顾客体验到了料理的美味，晚上还会来店里。

但是，时过境迁。“这家饭店适合来吃午饭”，“这家饭店适合任何时候稍微奢侈一下的时候”等等，现在的顾客给每家餐饮店都做了定位，而不是任何时候都选一家店。顾客认为提供午餐的餐饮店就是提供午餐的，不是早餐和晚餐。

一家刚开业 3 个月的烤羊肉店给我打来电话。

“大久保先生，我想进行午餐经营，您觉得怎么样？”

“为什么要经营午餐呢？”我问。

“我们这里地方偏僻，晚上招揽顾客会花很多时间。要是白天的话，因为附近是住宅区，应该能够吸引主妇们吧？”

这家店位于东京近郊的住宅区，附近的餐饮店大多是女性顾客。如果能够吸引主妇们，也许就能够开拓新的市场。但是，店主忘记了最重要的一点，那就是，自己经营的是一家烤羊肉店。

因为，根据关东地区的饮食习惯，烤羊肉不属于日常的食物，它和牛肉饼、生姜烤（猪）肉、意大利面等不同，不适合午餐这样的日常饮食。烤羊肉本身，也不过是2年前的“烤羊肉热”时才出现的，现在终于不再是烧烤店的“附属品”，而是作为一个独立的范畴，开始为人们所接受。但那些晚上招揽不来顾客的店主想在午餐时卖烤羊肉，应该不会好卖。

市场发展的时候，餐饮店可以根据顾客的需求来开发新商品，或者开分店。但现在不同，网络、杂志、电视节目等介绍餐饮店的资讯要多少有多少，而且介绍的餐饮店每个都很好。顾客可以从中选择自己需要的餐饮店，想选几个就选几个。如果餐饮店没有自己的个性，根本就不会出现在顾客的选择范围内，现在就是这样的时代。

因为营业额不足，所以赶紧选择好像有销路的午餐经营，这并不能从根本上解决问题。就算制定好了午餐菜单，满足了顾客的果腹需求，也没有任何意义。非但如此，从要求价格合理、简单方便的午餐菜单来看，无论你晚上打造得多么讲究，都有可能给顾客留下不好的印象。

放弃午餐经营，提高月销售额

新桥有一家叫做“方舟”的餐饮店，位于新桥的商业街，它以“北陆食材、地炉烧烤、清酒相伴、慢速生活”为理念。开店大约1年时间，主要进行午餐经营。但是从2006年1月开始，却停止了午餐经营。

我们从店主原先生的博客里面，摘录了相关原因等部分内容。

“1月末，我们停止了午餐经营，从2月份开始，只经营晚餐。

“停止午餐经营，可以让员工节省体力，一心一意做好夜间经营。虽然不经营午餐，营业额下滑，但我想可以通过缩减经费来渡过这个难关。

“停止午餐经营，节省下来的时间可以用来研究菜品，提高晚餐的质量。针对以前，我们在食材、促销、服务等各个方面都实施了业务改革。

“改革的结果，虽然只经营晚餐，但2月份的营业额与主要进行午餐经营的1月份相比，数字大幅度上涨，并且营业天数基本相同，这个结果令人震惊。

“我想，通过提高晚餐质量，应该会逐渐取得成果的，但是没想到会一下子这么快就超过了午餐经营时的营业额。

“虽然只有一个月，我还无法下结论，但我认为，硬撑着将午餐经营进行下去，并不一定会提高营业额。”

比午餐经营更重要的事

营业额没有提高，是因为你的餐饮店没有被顾客选择。所以必须把自己的餐饮店好好打造成顾客会选择的店。为了获取眼前的利益而进行午餐经营，长时间的工作会消耗体力，甚至无法集中精神接待晚上的顾客，失掉一个又一个感动的机会，这样做真是糊涂透顶、愚蠢之极！

认真思考能够提高营业额的时段，并让顾客产生想要再来的想法。与午餐经营相比，我们首先要做的是：做好该做的事，得到顾客的认可——你家的店真的变了！

别再想那些轻而易举增加收入的办法了！

放弃午餐经营吧！

【今日心得】

舍“量”求“质”才是根本。

第 18 日

不要再节省了

“对不起，今天没什么客人，你先回去行吗？”

在餐饮店，经常能看见这种让临时工回去的情况。的确，减少不必要的人事费并尽可能增加利润，这是店长或店主的主要职责。但是，工作时间已经安排好，却突然让临时工回去，总觉得从根本上有什么地方不对劲。

我有一个朋友，被称作“治癌名医”，名字叫做土桥重隆，他在西日本地区首次采用内视镜栓塞疗法进行腹腔镜手术并取得成功，之后也成功做过多次难度较大的手术。

作为名医的土桥重隆，撰写了一本名为《导致癌症的心与治疗癌症的心》的书，由“主妇与生活社”出版。在认为西洋医学万能的当今社会，这本书引起了人们的广泛关注。在和歌山毒咖喱事件中，有一家医院收留了许多中毒者，土桥隆重就是那家医院的副院长。他对手术并没有使病人减少这一事实抱有疑问，于是放弃了现有的地位和收入，开始探索能够真正治疗癌症的道路。

土桥先生这样说道：“从现象上来看，通过手术切除癌细胞只是一个物理的过程，并没有从根本上解决癌症产生的原因，所以癌症才会转移。也就是说，虽然手术切除了肿瘤本身，但是对癌症产生的原因没有采取任何对策，所以癌症复发也是理所当然的。”

要找出疾病产生的根源

餐饮店里没有客人，只不过是每天营业的“结果”。临时工过剩，则是X光片上显示出来的肿瘤。如果只把肿瘤切除，病情还会反复。而针对导致临时工过剩这个结果的根本原因，并没有采取任何措施。

让临时工回去这个行为，也许能暂时缓解“没有顾客的症状”，但病毒依然潜伏在体内。说不定让临时工回去这件事情本身，跟开错了药方一样，结果可能导致病情进一步恶化。

要是以前，让临时工回去，可能会让靠打工生活的临时工们收入变得不稳定，士气低落，仅此而已。但是现在人手不足，放弃临时工的话，可能会令餐饮店陷入无法运营的危险境地。

必要的时间和金钱都得花

土桥先生还说了一句很有意思的话：“得癌症的时候，重要的是接受现实，不要怕死，进而寻找发病根源，把迄今为止的生活来个 180 度大转变。”

让员工回去很简单，但是，不要只在表面上做个轻松的处理，要找出事情发展到这个地步的根源所在，然后，把迄今为止的做法进行 180 度的改变。 也就是说，必须改掉“节省”的习惯。

“不要再节省了！”

如今市场已经成熟，节省未必就是好事。

当然，如果餐饮店或者公司的事业进展得顺利，今后也能按照既定的计划发展的话，削减没有必要的浪费，这是一种节约。 而且，在市场成长时期，我们曾经尝试过各种各样的节约方法：节省人事费、缩短工作时间、节约水电煤气费等等。 可以说经济增长的时代，就是一个依靠节约带来效率的时代。

但是，现在是一个餐饮店众多的时代。 要想让自己的店铺在无数的餐饮店中脱颖而出，就必须优先考虑顾客的喜好。 因此，该花钱的地方就要花，该花时间的地方也要花。 如果不改掉市场成长时期养成的坏习惯，就无法提高顾客的热情。

福冈市爱宕地区有一家叫做“藏人珈藏”的人气咖啡店。 在入口处，各种颜色的花朵五彩缤纷地盛开着，就像花店一样。

一般的店主可能会觉得，1 杯咖啡充其量也就 500 ~ 600 日元，所以各方面都应该节省一点。 不，应该说作为节省的结果，才会把咖啡的价格降下来。 但是，想要从顾客身上赚到钱，妥协是大忌。

这家咖啡店的店主没有妥协。 咖啡店中间有一个山水庭园，边欣赏庭园边悠闲地喝着咖啡，这种打动人心的东西，远远超过了支付的咖啡的价格。 而且，如果你早上来的话，只需要加上几百日元，还可以享受到出人意料的早餐。 装在透明碗里的菠菜沙拉与堆得像小山一样的新鲜土司，其感染力绝对一百分。 看着这个菜单，我能体会到店主不但舍得下成本，而且一点不怕麻烦。 这份态度值得称赞！

餐饮店所花费的时间和金钱，可以分成两部分：当时的工作需要和未来对顾客的影响。 所有成功店的店主都有一个共同之处，那就是：凡是令顾客喜悦的事情，都不惜花费金钱和劳力去完成。

光靠节省没有任何意义

《日经餐饮店》2006 年 7 月进行了一次关于“赚钱店主的钱包里面有什么”的调查，并将调查结果制作成了特集。 据调查，成功店的店主和其他店主相比，参加研讨会的次数要多一倍以上。 钱是如此，时间方面也是一样，成功店的店主不会太节省，甚至可以说，他们好像在积极“浪费”时间。

每次音像杂志《梦——商通信》采访成功店的店主时，我都会思考他们成功的秘诀是什么，最近我对答案渐渐有了信心。 这些店主们如果觉得什么地方是浪费的，在节省之前，会先想办法使之转变为对自己有益的东西。 这种思维模式，就是他们成功的秘诀。

如果哪一天顾客不多，员工出现过剩状态的话，召开一个紧急会议就可以了。 “怎样才能获得新顾客”，“要想发传单的话，什么样的内容比较好”，“为什么会发展到靠发传单来维持经营的地步”等等，在会上讨论这些问题，会后实施，这点至关重要。

光靠节省没有任何意义。对那些效益不好的餐饮店来说，最重要的就是播下未来的种子。播种之后必须浇水。如果只是依靠节省经费来进行经营的话，好容易播下的种子，恐怕等不到发芽就会胎死腹中。所以，不能让员工们就这样回去。

“餐饮店冷清是一种病症”——必须接受这个事实，并找出疾病的根源所在。

参加研讨会的频率　我们对277位餐饮店经营者进行问卷调查，结果显示，以亏损为主基调的餐饮店的经营者，平均每年参加研讨会1.6次，而以盈利为主基调的餐饮店的经营者每年参加4.4次。在对餐饮业以外的店铺的考察方面，亏损店主每月1.9次，盈利店主每月3.6次。

【今日心得】

不能靠节省来维持收支平衡。

第19日

不要拘泥于素材

咕嘟咕嘟咕嘟……

“那位顾客为什么放那么多沙司啊？”

当年我在炸猪排连锁店“新宿胜博殿”的荻窪店当店长时，看到使劲儿往炸猪排上放沙司的顾客，不由得心生疑问。从那以后，对这个疑问我不断进行假设并反复验证，终于得出了一个结论：“那位顾客并不仅仅是在享受肉的美味，同时也在享受包含着甜味、辣味、咸味的沙司与炸猪排混合在一起的味道。”

“那家店味道不怎么样，但是生意很兴隆。”

我工作的那家餐饮店的店长，针对同一地区的一家竞争对手的店，经常这样说。通常，人们认为，美味、好吃是餐饮店生意兴隆的最基本的条件。但什么是“美味”？能回答上这个问题的经营者少之又少。

“美味”分两种

事务所旁边有家蘸汁面专门店，那里经常队列成行。劲道十足的面条配上清脆爽口的豆芽，加上味道强烈的佐料，吃完面以后再来一碗放了蘸汁的面汤……这些不单是这个店，也是所有蘸汁面店繁荣昌盛的成功法则。

我搬到现在的事务所以后，带好多人来过这家店。进入店内，看到大家吃完面以后的反应，既有“太好吃了”这样赞不绝口的，也有“太难吃了，再也不来了”的，分为两种类型。

我仔细地询问了他们的职业、店铺、饮食习惯、现在的生活等情况，结果，我可以判定，他们的反应不同，是因为日常的饮食习惯不同。而且，我查阅了很多与味觉生理学及“美味、好吃”相关的文献资料，进一步证实了我的判断。

我了解到一个事实，那就是人能够感觉到的“美味”，大致可以分为两种。

一种是人类为了生存必须吃东西时感受到的美味，可以称之为“刺激满腹中枢的美味”。

另一种不是为了生存需要，而是为了更高层次、为了满足人的幸福感的美味。

后者刺激人的神经。和恋人、家人、朋友等重要的人一起吃饭——没有比这更幸福的吧！人一旦生活富裕，金钱和时间方面出现富余，就开始花费时间去满足更高层次的欲望，比如想要与重要的人共有同一空间的欲望，想要追求新的美味的欲望等。这些都是生活富裕以后才被允许的特权。

另一方面，前者刺激人的肉体。代表性的词语就是“吃饱了，吃饱了”。如果不是为了生存而吃，是不会说出这样的话的。

综上所述，餐饮店究竟能够提供给顾客什么呢？第一点非常简单，就是填满顾客的胃。大家常说“肚子吃得饱饱的”，但其实真正“吃得饱饱的”的并不是“肚子”，而是“胃”。柔软的食物没有经过好好咀嚼，狼吞虎咽地吞进胃里，对胃来说，这是一种非常强烈的刺激。

“啊，吃饱了，吃饱了！”这句话其实是指身体受到刺激后在精神上的反应。“八分饱”这个教诲，作为社交场合的心得，从安土桃山时代一直流传下来，至今数百年，但是无论在哪个时代都没有被淘汰，这就说明人类为了生存，在饮食方面是没有节制的。

还有一点，身体感受到的刺激，就像大家了解的那样，那就是味道。

通常人们认为，要通过舌头上的味蕾才能感知味道。但是，身体能感受到的刺激却不止这些。例如，食盐分解以后产生的钠和调味使用的糖，经胃肠吸收以后进入血液，成为产生刺激的原因。如果说从食物中感受到的刺激就是味觉的话，那人类不光是用舌头，还用全身在感受味道。

那么，舌头究竟为什么存在呢？它的作用是让人觉得

"好吃"，增进食欲，从而摄取应该摄取的东西。另一方面，一旦觉得"难吃"，马上"刹车"，从而保护身体。"酸"、"甜"这种特别强烈的刺激，也在舌头这里被拦截下来。总之，舌头上面的味蕾，根据"愉快"、"不愉快"这个标准对刺激进行区分，控制摄取的食物类型，舌头起到的就是"门户"的作用。

迷恋刺激的现代人

通过味蕾，也就是舌头表面感受到的刺激与流进血液的刺激，通常是一致的。但是，如果舌头表面感受到的刺激变弱的话，钠和糖就会大量流入身体里面，给身体带来意想不到的刺激。舌头是保护身体的制动器，通过控制舌头，可以让食物的味道给顾客留下强烈的印象。

那么，怎样才能解除制动呢？其实非常简单。

比如说，辣味。通过往调味料里面加入辣味，可以使舌头对盐分的感觉相对变得迟钝。或者，也可以加强食物的触感。比如清脆爽口的蔬菜或者劲道十足的面条，可以相对降低舌头对盐分的感觉。想想蘸汁面连锁店，为什么他们致力于提供具有强烈触感的食物和辛辣的调味料？也许是因为他们想通过强烈的刺激来抓住顾客吧。

现代的工薪阶层和女性白领们，每天过于忙碌，午餐的时间非常短，所以不能在午餐上花费太多时间。自然而然地、只能通过刺激满腹中枢来获得饱腹感，而不是花费时间悠闲地吃饭。这就是现代人标准的生活习惯。

正因如此，我想说：“如果只想抓住眼前的顾客的话，答案非常简单——把灵魂出卖给恶魔吧！”

话虽不好听，但这就是现实。通过使用辛辣、触感强烈的香料等，降低舌头对食物的感觉，给顾客的身体带来强烈的刺激。这样，就可以把顾客牢牢固定在你的餐饮店。如果持续这样的话，刺激不够强烈的味道就变成了美中不足的调味料。

并不是“虽然不好吃生意却很兴隆”，而是餐饮店很好地满足了顾客追求饱腹感的需求。如果你的餐饮店“虽然好吃但是生意却不好”的话，那是因为你没有追求与顾客食用动机相适应的味道。

大多数顾客不是来吃好吃的食物，他们只是想通过沙司、高汤、调味汁等，来刺激自己的身体。一旦习惯了这种刺激，就很难改掉这种饮食习惯。

但是，偏重刺激的饮食，正在改变日本人的饮食生活，这是一个事实。同时也开始改变自古以来持续至今的农业。现在是应该好好考虑一下饮食的时候了。

【今日心得】

要重新认真思考顾客的食用动机。

第 20 日

不要以健康为卖点

“今后的时代必须以健康为主题。”每次见到餐饮店的经营者们，都能听到这样的话。我马上会问：“哦，为什么？”他们会非常理所当然地回答说：“因为现在的年轻女性对健康这个词特别敏感……”

我们所从事的餐饮业，确实会给顾客的健康带来很大的影响。正因为如此，我认为，不应该以那么随便的心情来讨论关于健康的话题。

在我的事务所，从 1 年前开始为包括工作人员在内的所有人提供伙食，同时可以兼做饮食研究。我们从生产者那里直接采购蔬菜。我发现，我那原来因为总在外面吃饭而变得肥胖的身体，逐渐变得苗条了。原来将近 100 公斤的体重，不知不觉中要跌破 85 公斤了！这件事再一次证实，不在外面吃饭自己做着吃，才是离健康最近的道路。

餐饮业这个行业，从某种意义上来说，只有不考虑顾客的健康才能获得持续的发展。 可是如今，却为了获得营业额，只在形式上追求所谓的“健康”，这样做是不是有点形式主义呢?

每6人中有1人属于糖尿病“后备军”

关于生活习惯病，大家了解多少呢? 比如，典型的生活习惯病——糖尿病。 在日本，厚生劳动省每5年要进行一次糖尿病的实况调查，结果表明，患糖尿病的人正在逐渐增加。 平成十四年（2002年）的调查指出，60岁以上的男性每3人中有1人、女性每4人中有1人患糖尿病或者是糖尿病“后备军”。

餐饮业发达的国家——美国的情况也是如此。 根据美国疾病预防控制中心发布的结果，从1990年到1999年的10年间，糖尿病患者的数量增加了40%。 从人口比例来看，1990年糖尿病的人数只占全国总人口的4.9%，而1999年则上升到6.9%。

随着体力劳动的减少和饮食生活水平的提高，无论哪个国家，糖尿病“后备军”的人数都在持续增加。 现今，越来越多的人要么在外面吃饭，要么叫外卖，饮食营养严重不均，结果导致日本的成年人每6人中有1人为糖尿病“后备军”。 今后日本将迎来急速发展的人口老龄化现象，顾客的糖尿病是餐饮业必须面对的一个事实。

患糖尿病的原因之一，就是从饮食中摄取的能量和消耗的能量无法取得平衡。你知道一位标准的日本男性 1 天应该摄入多少能量吗？不从事体力劳动而以脑力劳动为中心工作的人每天需要的能量：30 ~ 49 岁为 2 650 千卡路里，50 ~ 69 岁的老年人为 2 400 千卡路里（数据来源于厚生劳动省的《日本人饮食摄取标准》）。

三餐均在外，卡路里会超标

另一方面，在外面吃饭，摄取的卡路里会如何呢？以“丹尼斯”（Denny's）为例：早上“丹尼斯早餐”（送新鲜果汁）902 千卡路里，中午“中华凉面配有陈醋”961 千卡路里，晚餐“酱汁牛肉饼加鸡蛋”外带“米饭”一共 1 115 千卡路里。

不只是“丹尼斯”，“古斯特”（Gusto）和“乐雅乐”（Royal Host）主菜的卡路里很少有在 900 千卡路里以下的。如果三餐都在外面吃的话，仅三餐摄入的能量就已经超标。

糖尿病就是被生活习惯所左右的，这点我们已经很清楚。那么，改善生活习惯和服用降糖药，哪个更能有效地预防糖尿病呢？2001 年美国发布的“糖尿病预防计划”中指出：据调查，体重减轻 5% ~7%，每天快走 30 分钟，可以使糖尿病的发病率减少 58%。但如果想着“在饭店吃一次没事吧……”的话，日积月累，还会增加糖尿病的发病几率。

那么，餐饮店应该采取什么样的举措呢？首先，要具备扎实的有关生活习惯病的知识。不是“某某东西对什么有效”这样零碎的知识，而是必须了解“为什么会得病”这样正确的知识。如果具体到菜单上的话，关键就是减少料理的分量、控制能量摄入。

顺便提一句，“饱腹感”由许多要素构成，其中最重要的还是胃的充足度，也就是肚子被填满。再加上盐分、糖分等“味道”的作用，甚至会影响吃饭的时间。我把这些称之为“饱腹感力学”，其中最重要的就是提高胃的充足度。

在这里，关键的东西是蔬菜。蔬菜不仅含有大量的食物纤维、维生素、矿物质等人体必须的微量元素，而且能够抑制吃饭时总能量的摄取。另外，能量摄取比较理想的数值是所有食物一共600千卡路里左右。

尽管如此，并不是只要在菜单上加上蔬菜就可以了。只做到这一步，就和现今的健康食谱没什么区别。

重要的是要“加热”。一提到蔬菜，人们一般想到的是生的蔬菜，比如蔬菜沙拉。但是，生的蔬菜无法控制摄取量。一定要加热，做成凉青菜或热菜以后再提供给顾客。经过加热，可以减小蔬菜的体积，让人摄取更多的食物纤维。最近，烤蔬菜沙拉很有人气，可以说是减小蔬菜体积的理想做法。另外，食物纤维还能增加饱腹感，特别耐饿。

再提一句，如果是煮蔬菜的话，一顿煮一把就够了。这样的话，既不会减少饱腹感，还能把卡路里数控制在600千卡路里左右。这样看来，现在的餐饮店里提供的蔬菜实在太少，只是看起来好看，起个装饰作用而已。

重视基本调味料

第二个关键是尽量不使用油。一点点油就可以提供大量的卡路里。尽管橄榄油具有降低胆固醇等效果，但油就是油。如果吃的是蔬菜，但能量摄取过多的话也不行。套餐里米饭的量要减少到150克左右，能控制摄取的卡路里量，效果非常显著。

肉和脂肪产生的能量能够增加饱腹感，一直以来菜单上都少不了。抛弃这种做法，应该成为日本餐饮业的重要课题吧！

减少肉的使用量，还要让顾客觉得好吃，就必须使用足够的高汤。好吃的调味料容易使人摄取过多的纳，食盐也是如此。与盐化钠纯度较高的精制盐相比，应该尽量使用接近纯天然的海盐。

不要赶时髦，去研究什么健康食谱，应该从如何才能与顾客长期交往下去这个视点出发来思考问题。引进健康食谱也不是不行，但是应该更加积极地参加与健康知识相关的“学习会”。

“不要随便以健康为卖点！”

【今日心得】

认真为顾客考虑。

阶段 4

与员工的关系

餐饮店里的员工，是你应该保护的对象，也是帮助你成功的对象。如果你真心实意为他们着想，他们也会真心实意为你效力。不要因为人手不足就放弃他们，而要为他们寻找一条能够充分发挥自身能力的道路。

第 21 日

辞掉临时工

“伪造结构计算书事件”，“活力门公司遭到强制搜查，总裁堀江贵文被捕”，“重新进口美国产牛肉和 BSE（牛海绵状脑病，俗称疯牛病）危险部位混入问题”，“东横 INN 违法改装问题”……近年来，在日本频繁出现这些轰动社会的大事件。

这些问题意味着什么?

“东横 INN 违法改装问题”告诉我们这样一个事实：惊人的低成本经营，只有在做出某些牺牲的基础上才能实现。

一直以来，我因为工作关系经常出差。以前，居住条件过得去、价格合理的宾馆非常少。“东横 INN”出现以后，出差时可以选择的宾馆范围大了许多。舒适的大床、宽带上网、服务优良……而且，早餐是免费的饭团和酱汤。这样的地段，这样的价格，这样的房间，实在是太便宜了！

不过，好像在什么地方听过这样的话，对，就是被认为伪造结构计算书、由开发商 Huser 建造的公寓。 Huser 建造的公寓，从地段角度考虑的话，确实是又宽敞又便宜。

追求低廉的价格是好事吗

泡沫经济解体以后，我们面临着通货紧缩的问题，人们开始关注价格合理、性价比高的东西。 这也代表人们在反省造成泡沫经济异常的背景。

但是，时间流逝，我们十年来一直追求经济性、低廉价格的举动，难道不又是一种异常吗?

看到“东横 INN”，我就会想到这点。 他们为了实现低价，进行违法改装。 还有员工作证说，“那么多的客房，却让一个人在深夜里巡逻好几个小时。”没有发生什么事情还好，万一发生火灾什么的，由于引导人员不足，可能延误顾客逃生的时机，酿成大祸……

是的，只能保证最低程度的安全性，勉强经营，这就是低价的“策略”。

BSE 问题也一定是因为追求便宜、美味，而以某种牺牲为代价的。 “疯牛病的风险极低，根本就构不成因果关系。反正好吃，美国产的牛肉有什么不好！”这是我的一位销售瘦肉的朋友在“学习会”上一再坚持的说法。 “东横 INN”问题并不是隔岸之火，它暗示我们：同样的事情将来也可能出现在餐饮业上。

乍一看价格合理，于是因为这个合理的价格，我们牺牲了很多东西，最大的牺牲就是“人”。

为了向顾客提供低廉的价格，我们必须削减人事费。所以我们用临时工代替了正式工，而且把临时工的数量也控制在最少的程度。在市场扩张时期，只要能够提供马马虎虎的料理，顾客就能满足，工作人员根本不必具备像样的技术。

这样的商业模式，一旦形成就很难改变。但如果营业额下跌，为了获得利润就会削减人事费。员工们必须越发追求效率，工作现场既没有工作价值也没有自豪感。而且，这会是一种恶性循环。

在新桥，有一家叫做“一由”的夫妻俩开的店。虽然是一家小小的日本料理店，但是来自顾客的支持却是巨大的。

原因就是夫妻两个人酝酿出来的独特氛围。不知道为什么我总觉得那身烹饪时穿的罩衣特别适合他们。他们会听、会说，和顾客之间相互都觉得非常安心。夫妻两个人都是圆胖的身材，越发觉得那身罩衣非常适合他们。总之，在这家店待着让人感觉非常舒服，心神安定。

餐饮店的氛围由“人”来创造

如今的时代，想要让顾客特意光临自己的餐饮店，必须注重餐饮店的整体搭配。料理、内部装修、接待顾客的方法等，人是其中最重要的组成部分之一。那家超市负责果蔬部分的大叔的手与众不同，看到他的手，就会觉得蔬菜很好吃。蔬菜看起来好吃的话，就会觉得其他的东西也很好吃。人是创造价值的根源，也是创造价值的重要组成部分。

尽管如此，餐饮店却把人事费用称作“可变费用”，不断使工作人员临时工化。也许有人会反驳说，“没那回事，我们在教育上投入了费用。”是的，为了培养出遵守公司方针计划的人，也许确实对员工进行了研修和培训，但那不能算是真正在教育上投入了精力。

现在，餐饮店人手不足的问题十分严重，而且会越来越严重。据我的恩人、餐饮系统的古田基先生说，在餐饮业发达的国家美国，聘用临时工的费用是平均每人10万日元。这种情况，从世界范围来看，也不算是异常状态。

现在的连锁店进行的都是单纯作业：肉体辛苦、精神压力大、不讲卫生、待遇低下。这些都是市场扩大时期偏重结构主义而付出的巨大代价。这样的餐饮店肯定没有顾客上门，在病入膏肓之前，应该做的是打造一个魅力无限的餐饮店。认真描绘餐饮店的未来，并把这些构想告诉店员：“我的餐饮店会给你们带来各种好处，餐饮店的发展和你们的未来息息相关。”这点十分重要。

只依靠金钱不会长久

将来的约定，就是为了和那些对餐饮店有用的人长期相处。不需要那些时间零碎的临时工。

你首先应该做的是，与自己的经济利益相比，要让你周围的人幸福。

一直以来，餐饮行业都以增加店铺、公开股份、提高工资为目标，大家认为这才是产业化的捷径。

但是，只依靠金钱，并不能让人际关系长久持续下去。协调人际关系、体谅他人、让与自己相关的顾客及员工幸福，这才是当今时代的需要，哪个部分都不能出现欠缺。

现在所有问题的根源都在此处。

让与你相关的人幸福吧！如果你有这份心意，星星之火，终能成燎原之势。当人们注意到这一点时，自然而然会被你的“温暖”所吸引，聚集到你的身边。

现在应该认真思考，解雇那些低薪聘请的临时工，寻找适合公司发展的工作人员——那些能够在餐饮店这个舞台上大展身手的真正的人才！

【今日心得】

商业，从积累人脉开始。

第22日

人手不足正是机会

“不管开出多高的工资都招不到人，这可怎么办……”

不仅是连锁店，个人餐饮店也存在着人手不足的问题，并且越来越严重。“连保证饭店正常运营的人手都达不到”，“根本没法编制工作时间表”……经常听到这样焦虑的声音。有很多餐饮店依靠派遣员工在勉强支撑着，但是现在连派遣公司都快因为人才不足而倒闭了。

我上学的时候，很多人把打工的餐饮店作为自己将来正式工作的场所。虽然劳动条件不太好，但是对于刚毕业的年轻人来说，收入还是不错的。或者，虽然没有十足的把握，但总觉得餐饮业存在着一定的发展的可能性。

但现如今，打工的学生只要没有特别的理由，一般都不愿意在餐饮行业工作。是因为觉得这份工作不适合自己呢，还是觉得餐饮业没有发展前途呢？

权宜之计

我多次谈到，在市场成长时期，餐饮企业会通过增加临时工这种兼职者的比率，来缩减经费，避免人事费用的固定成本化。在餐饮店，工作人员都是一些非熟练员工，他们依靠高效的操作指南来工作，互相之间极少进行商讨，餐饮店已经变成了简单的劳动场所。

这样的措施，在高效运营餐饮店方面做出了一定的贡献，作为服务行业一员的餐饮业，本应该是众多行业当中工作最开心的行业之一，现在却变成了一无魅力、二无成绩的工作场所。导致人手不足的原因之一就在此处。

比这更严重的问题是，意识到人手不足的企业所采取的的权宜之计。

比如，雇用专门培训外国人的工作人员，希望在雇用外国人方面找到出路；或者哪天忽然制定员工独立制度，激发员工的积极性等等，慌里慌张地采取一些临时措施。虽然因为人手不足而采取了一些“临时抱佛脚”的措施，但这些“治标不治本”的方法，不能从根本上解决人手不足的问题。相反，会使餐饮店人手不足的问题更加严峻。

我希望大家认真思考一下。凡是招不上来工作人员的餐饮店或者公司，基本上也同样招揽不来顾客。现在，招工和招揽顾客都是一样的情况。

1970 年，日本开始实施外资自由化政策，使贸易保护主义有所缓解，以此为契机，日本的餐饮业开始普及，市场不断扩大。首先，开始重视“卖什么”，荞麦面条、炸猪排、西餐、拉面、烤鸡肉串等等，充斥着整个市场。接下来，该如何卖掉这些东西，人们开始进行细分，不断钻研并探求各种各样的销售方法。

没有共同目标的时代

以成功、致富为核心的时代，所有人都以金钱为目标，这样的时代有一个最大的好处就是，公司规模越大，个人的工资越高，公司与个人的发展目标相同，方向相同。

但是，现在并不是所有人都以经济为中心，挣大钱已经不是所有人唯一的、共同的目标。一直以来，那些来餐饮店应聘做临时工的人，都是为了维持生活，暂时性地选择了餐饮店。他们曾经以金钱为中心，但是现在却发生了变化。

招聘店员比招揽顾客还要难。餐饮店之所以能够吸引店员，不是因为金钱，而是因为餐饮店特有的价值能够转变成店员的工作价值。正因如此，餐饮店必须摆脱那些没有特色、谁都能干、只卖好卖的东西等等做法。与其一个劲想着如何招揽顾客，不如首先考虑如何吸引顾客。通过吸引顾客，才有可能打造出一个能够充分体现店员的存在价值、工作价值和才华的工作场所。

因此，跟公司的管理人员相比，那些在现场工作的店长、店员等更加重要。根据他们的水平，公司得到的人才的质和量也会发生变化。现场的店长和店员，是汇集人才的火种，经营者必须在争取关键人才上倾注心血。

因此我认为：刊登招聘广告，进行面试的做法已经落伍了！

前几天，在事务所，我听说了一个很有意思的商业企划。餐饮店的工作人员，如果在互联网上公开了自己的简历的话，就好比发布了自由宣言，想辞职的人和想雇人的企业可以直接在此交流。一直以来，在餐饮业，从某种意义上来说，是忌讳表达“我要辞职”的。但是，这种互联网上的服务轻而易举地把这种“忌讳”变成了历史。

不仅如此，随着“自由人”时代的到来，雇用者和被雇用者之间的关系也发生了很大的变化。

首先，选择方不再是餐饮店，而是劳动者。在以城市为中心、缓慢进行的经济复苏的过程中，已经没有充足的可供选择的劳动力了。我觉得录用面试不再是被雇用者主动参加，而是雇用者请被雇用者来参加面试。

而且，餐饮店的工作环境也发生了很大变化。自由人得到认可的话，会带来人事费用的高涨，这将是一个事实。因此雇用方为了留住员工，应该理解他们的想法，甚至认真为他们的将来考虑。虽然没有打出“自由人”的旗号，但是由30多岁的年轻店主经营的餐饮店，以员工将来可以离开餐饮店独立为前提来录用员工，或者致力于员工教育等等，这样的例子正在增多。

需要制定雇用者保护法吗

对员工来说这也不是什么坏事。虽说人手不足，但换工作还是有风险的，因为无法保证一定能找到比现在的公司更有价值的工作。这样一来，通过两者进行协商，找出员工对现在公司的不满或者不安的地方，同时可以避免因为误会而失去有前途的员工。餐饮店应该努力做好该做的事情，努力建设一个不让人为难的职场环境。不再由公司或者餐饮店对员工做单方面的评价，而是双方互评，这样双方关系的构筑将进入一个重要的时期。

人手不足的时代，雇用关系不断发生着变化。现实发生这样的变化，法律也不得不随之发生变化。例如，劳动标准法规定的雇用关系原来是以保护劳动者为目的的，但现在却是被雇用方处于优势，所以劳动者保护法已经变得不那么重要了。相反，为了保护已经变成“弱者”的雇用者，有必要制定和实行“雇用者保护法”。

不知不觉中，时代已经发生了巨大的变化。

【今日心得】

员工对餐饮店进行评价的时代已经到来。

第 23 日

临时工的工资要每日现金支付

“我讨厌因为金钱而产生纠纷，所以总是每天用现金支付临时工的工资。”

石川县金泽市郊外，有一家 1 天能卖 1 万个饺子的“第七饺子店”，虽不是众人皆知，但该知道的人都知道这家店。开头的一句话，就是由我发行的音像杂志《梦——商通信》对成功店店主进行突击采访时，“第七饺子店”的元雄久直社长说的。现在，我将把元雄社长说的、非常识的、非常有益的话转达给各位读者。

“第七饺子店”1 天能卖 1 万个饺子，在店里工作的临时工也不是一两个，付工资非常麻烦。尽管如此，每天工作结束后，元雄社长都会饱含感激之情说着“辛苦了”，并把工资发下去。这真是商人的典范!

“金钱产生的纠纷真烦人啊！ 当场支付的话，互相都能接受，大家都开心！”

招聘临时工并不难

我一个人生活的学生时代，曾经因为突然有急用而向姑姑借过钱。 现在回想起来，对学生来说，能日付工资是多么值得感激的一件事！ 也许是因为这一点，“第七饺子店”几乎从来没有在招聘临时工方面苦恼过。

“附近金泽大学的学生中，每届都有人介绍后辈来我这里打工，而且都会在毕业来临、辞职之前对后辈进行培训。”元雄社长说。 每天现金支付工资，从某种意义上来说是缺乏常识的做法，但是从确保临时工这点上来说，却是有效的。

“第七饺子店”有30年的历史了。 开店之前，元雄社长曾经去大阪学习日本料理的知识，他学习的那家店的店主非常喜欢饺子。 元雄社长经常和店主一起到处去吃饺子，渐渐地不知从什么时候起，他开始考虑开一家饺子店。 回到金泽后，元雄社长将梦想付之于实践，以附近金泽大学的学生为对象，开了一家饺子店。 最近不光卖饺子，也开始经营盖饭、套餐等种类。

开业几年以后，元雄社长开始改变商品的种类，在煎饺和蒸饺，以及最近大受欢迎的“白色饺子”，这三种饺子上大费脑筋。

“绞尽脑汁思考，终于看到了效果。 首先，不再浪费，总是使用新鲜的食材。 工作效率也大幅提高，营业额猛涨，手头的现金也越来越多。”

接单多的时候，这种良性循环让人难以置信。有一本书叫做《饺子店和高级餐厅，哪个更赚钱》（钻石社），这本书里面记载了元雄社长经历的“良性循环”的构造。商品（库存）周转率高，商业才能生钱，就是这个原理。

其后，饺子店经历了搬迁和扩张，不断发展。但正因为生意兴隆，或者因为是饺子店，所以出现了停车场问题、臭味问题等，开始与近邻产生了矛盾。

占地面积 700 坪

就在这时，出现了转机。购物中心“吉之岛”（Jusco）刚刚在那里开设分店，有一块尚处在开发之中的土地，有人问社长要不要买，这真是意想不到的事。这块地的优势是搬到郊外的金泽大学校区就在附近，缺点是占地面积 700 坪，实在太大了。对于一家专门卖饺子的店铺来说大得有些离谱。虽然每坪单价便宜，但买下来要花10 亿日元以上，这笔投资太大了！

元雄社长没有犹豫不决。考虑到长远发展，当机立断买下了这块地。但是，资金却没有着落。虽然向有信誉的主要交易银行提出了贷款的申请，银行方面却说，尽管是盈利的店铺，但向个人餐饮店提供超过 10 亿日元的贷款，资格审查要很长时间。购买期限已经迫在眉睫。社长大伤脑筋，和一位朋友谈起此事，朋友建议说，“银行又不是只有一家”，于是社长决定向一家刚开始合作的银行提出贷款的申请，没想到一下子就谈成了贷款事宜。

占地面积700坪，初期投资10多亿日元的饺子馆——这样一家“非常识”的餐饮店开业了。如今，这家店的停车场里，顾客的汽车络绎不绝。

“第七饺子店”15年前提价以后，除了消费税部分以外价格一直不变。问其理由，元雄社长坦率地答道：“本来我们就是以学生为对象的。与其涨个10日元、20日元来增加收益，还不如让学生们多来几次。这样才能让经营长久持续下去。”每年的顾客总数远远超过1万人，这样一家有名的餐饮店，却没有忘记创业的原点——以学生为对象。

另外，还有一件事。采访之前，因为天气很冷，我想喝杯咖啡，所以在餐饮店四周转来转去，但是始终没有找到自动售货机，只好作罢。社长夫人注意到我的举动，特意买了一罐咖啡给我。咖啡就不用说了，社长夫人的心意让我备觉温暖。希望这份心意也能被后来人继承下去。

关于有些个人餐饮店无法继承下去的原因，元雄社长这样说道：“个人餐饮店后继无人这是可以想像得到的。一般的生意人回到家里后，经常会说些‘营业额不理想’、‘买卖难做’、‘太辛苦了’之类的话，孩子们听了这些话会怎么想呢？所以我不管生意多难做，关于工作上的抱怨、委屈都不会和家人说，只会和他们说些做生意的好处和快乐的事。”

不抱怨工作

一般人都会无意中在家里说些痛苦的事，但是在孩子面前说这些可不好。家长必须记住，自己无意中说的话，可能会影响孩子对未来的想象。

据说有一次，元雄社长的女儿问道："为什么别人家周日的时候全家人能一起出去玩，我们家却哪儿也去不了呢？"社长这样回答："那么，我们家里有钢琴，你问问你们班里的同学，有多少人家里有钢琴的。"女儿一问，结果只有 3 个人家里有钢琴。元雄社长听了以后说："我们能买得起钢琴，是因为我们做生意。这都是托顾客的福。你说，我们能让饺子店关门休息吗？"

从那以后，女儿开始积极地帮店里做事，后来结了婚，和女婿一起管理饺子店 。据说连社长的孙子都觉得在店里帮忙是理所当然的事。

我在自己的书中写道："在录用打工的学生时，请选择那些家长是做生意的人。"因为他们在日常生活中已经体会到了顾客的重要性。

商场是学习的场所，也是通过与顾客交流、丰富自身的场所。相信元雄社长已经告诉我们，让孩子们了解工作的宝贵性是多么重要。

我们的心态改变自己的未来。

【今日心得】

让后代了解做生意的好处与快乐。

第 24 日

对待员工，不能“一概而论”

“老师，就没有好点的工作吗？”

在我担任食品协调员学校的讲师时，经常会有女同学这样问我。但是，我却没有能介绍给她们的好工作。因为人手不足的弊端，已经覆盖了整个餐饮行业。

她们希望能作为正式职员工作，但企业方面宁可要一个能在现场工作的服务员，也不想要一个食品协调员。因为在总公司负责菜单企划的白领已经够多了，没有必要再招人。食品协调员与这里“不合适”。

畅销书《为何年轻人三年就辞职》（城繁幸著）中写道：“出现这种‘不合适’的原因就在于，以经济成长为前提的年功序列的终身雇用制度，随着日本经济的成熟而崩溃解体了。”

以前，从助手开始做起，只要一直留在公司，谁都可以自然而然地升职加薪。但是，无法以经济成长为前提的时代，企业提供不了新的职位，大多数员工只能一辈子做现场员工。不仅在餐饮行业，可以说日本整个社会都是如此。看着作为公司前辈的上司，就好像看见了自己的未来。因此很多人从公司辞职，来到食品协调员学校。但是，认为“餐饮业的话我也能干”的人，就算来到学校，情况也是一样的。

无法就业的学生

作者城繁幸讲述了一件有趣的事情。泡沫时代到来之前，企业乘势而起，录用了多到不能再多的人。泡沫经济解体以后，为了维持年功序列，企业通过控制新人录用来缩减人事费用，再不行的话就开始裁员，雇用临时工。

另外，在应届大学毕业生就业难的“就职冰河期”前后，企业在录用人才方面出现了新的变化。一直以来，企业都只重应聘者的协调性而不看主体性，但是现在，企业开始重视应聘者的目的性，比如询问“为什么会选择本公司”，“你想在公司从事什么工作”等等。

但是，现实却是残酷的。等待这些精神百倍进入公司的新人的是陈旧依然的工作环境。结果，因为想换工作，来我们学校的人变多了。

前几天，我见到了曾是我部下的一家餐饮店的女店长。她即将迎来60岁，是一位行家。她说：“公司根据营业额的情况，来分配员工的工作时间，但是由于没有把饭店的配置计划和销售比率考虑进去，反而使情况更加严峻。 虽然有1 名员工，但是工作什么也不会，正考虑让他辞职。”

那位男性员工，曾经做过店长，但是没有一点成绩，服务员的工作也做不来。 在全国各店转来转去，最后来到了她的饭店。 但是因为不能辞退他，所以她只好下了最后通牒。

“他人非常好，而且也喜欢服务业，但是没有工作能力。虽然很可怜，但我还是劝说他，让他尝试一下别的工作。”

用工作效率来评价

经济成长期，重视效率和速度。 因此，现场尽可能进行一些谁都能做的单纯作业，减少对个人的依赖程度。 结果，演变成这样的风潮：在现场只要做好规定的事情就可以了。而且，对个人的评价，也以工作快慢为标准。 即使喜欢这份工作，但是如果工作效率低，就让其辞职，或者将其降为临时工。 这种“恶劣的习惯”至今仍然存在。

在连锁店里，现场工作人员就像被做上记号、贴上了标签似的，分别是员工 A、员工 B、员工 C，对此，我想提些建议。

“不要对所有员工一概而论！”

日本评价的标准非常简单。 满分 100 分，以是否接近100 分为标准对个人进行评价。 而且，非常重视整体的平衡性。 整个社会都认为这是一种常识。

但是，时代要求我们必须改变这种思维模式。 餐饮店里需要各种各样的人才。擅长做菜的人、擅长宣传的人、人品好的人、能安抚同伴的人……总之需要各种各样的人。不要因为追求效率而对所有的员工一概而论，重新审视思考一下餐饮店需要的是什么样的人吧！

对老年人和蔼可亲的传达室的女性、会照顾人的男服务员、洗东西飞快的高中生、特别会做菜的大妈、了解酒并且爱聊天的斟酒师等等，应该根据餐饮店的剧本，来选择合适的角色与类型。店长就是导演，要调动所有的“演员”，根据角色需要选择合适的演员，让他们参加演出。然后，根据对角色的把握情况进行评价。角色不同，要求的演技也不同，评价的标准也要发生变化。这样就能避免由于效率低而被辞退这样悲剧的发生。

还有一点非常重要，那就是不要认为可以永远雇用某个员工。员工如果能够成功演绎某个角色，吸引顾客的话，就会积累经验，得到自身成长。而一旦自己的舞台得到提升，就会追求下一个自我实现。这个时候，如果你的餐饮店里没有适合自己的员工角色，恐怕他就会考虑换一个“剧团”（职场）。因此，为了双方的未来，互相“利用”非常重要。只不过，“利用”不再是为了公司或者餐饮店的利益，而是为了打造一个与周围人的未来相关的职场，这才是最重要的！

通过改善环境让餐饮店发生变化

“相逢”是自己的镜子，“分别”是成长的证明。每个人都会在不同情况下遇见合适的人，也都会随着自身的成长与之说再见。 对方会成长，当然，自己也会成长，如果自己没有足够的魅力，对方当然会离你而去。 如果你的餐饮店里无人光顾，唯一的原因就是：你的成长处于停滞状态。

也许你会说，“可是，我们是连锁店，能干什么不能干什么都是规定好的。”或者会说，“我们连锁店某年营业额曾达到顶峰，之后才一直不断下降的。”

但是，请不要忘记，无论是什么样的连锁店，都有效益一直特别好的。 人们常说“换个店长营业额能发生变化”，其实这只是“表演”和环境的差异问题。 应该根据自己现在的角色，重新开始“表演”，让你的餐饮店能够打动别人。有必要的话，也可以重新研究角色，换个演员。

比如使用下面这样内容的招聘广告：

本店是一家家庭餐馆，提倡“保护城镇，关心家园”。现招聘 3 名女性服务员，负责迎宾工作。 要求：性格开朗，喜欢孩子。 最好是孩子已经长大、有自由时间的主妇。 感兴趣即可，欢迎来电。

补充说明：非常抱歉，根据本工作的价值与意义，工资为本地区最低工资，敬请谅解。

戏剧部 OB 店的店长　大久保

【今日心得】

合适的工作才能让人熠熠生辉。

阶段5

为了你自身的成长

作为店主，只有你自身成长起来，餐饮店才能获得发展。也许你很容易被眼前的利益所诱惑，但还是应该了解促进自身的成长非常重要这一点。为了能够不断成长的你，在这里我奉上一份“寄语集”。

第 25 日

要把钱“浪费”在旅行上

“不要只是想着‘我想哭’，想哭的时候眼泪自然就会流下来。”

一个久违的悠闲的早上，我听见电视里传来这样一句话。于是，我目不转睛地盯着画面，节目中出现了不久以前去世的演员田村高广的特写镜头。

田村高广是演员田村正和的哥哥、著名演员阪东妻三郎的儿子，他精湛老练、与众不同的演技征服了很多观众。回顾他的一生，我们就可以发现他演技如此出色的秘密所在。开头的一句话，是导演木下惠介对田村高广说的，当时田村的父亲突然去世，他本人刚刚从精英职员转行做演员，正在拍摄处女作《女之园》。

靠演技有意识地去哭，不会打动人心。只有与主人公心情相同，眼泪才能自然而然地流出来。演员彻底进入角色，与主人公心情相同，自然就会热泪盈眶，也只有这样才能打动观众的心。如果只是形式上的流泪，丝毫也不会打动观众的。

据说受这句话的启发，从那以后，田村高广特别重视角色的塑造。角色塑造最重要的就是与主人公心情相同。要想做到这点，只能像田村高广那样，不断积累经验，与主人公心情相同、合二为一。

听了这句话，我再次认识到："餐饮店的服务和演员演戏是一样的。"

"浪费"的好处

位于东京·青山的人气店铺"凯斯塔"（Casita）的高桥滋社长，在自己的著作《我是一个男人·传奇饭店凯斯塔的经营之道》中，讲述了他在亚洲高级连锁酒店"阿曼度假酒店"经历的一次感动，并以此为基点开始经营饭店的故事。开始的时候，高桥社长没想到在该酒店住宿，一晚要花费几万日元。但一个偶然的机会在阿曼酒店住了一晚，彻底颠覆了他的价值观。在他的著作里，详细描述了具体的情况。

有人说飞机也是一样，坐过一次商务舱，就会迷恋上商务舱。我也曾经想过，一次国际旅行，往返就要花费数十万日元，那究竟是一种什么样的感觉呢？体验过一次以后，我彻底被那种舒适感所征服。经历是丰富价值观的源泉，很多经历都来自于被认为“徒劳无益”的金钱上的“浪费”，而这种“浪费”肯定会从某种“相遇”开始。

我作为顾问开始独立的时候，遇到了两位恩师。而每次“相遇”我都经历了人生中的一次巨大“浪费”。

第一位是住在九州的顾问、经营兰彻斯特公司的竹田阳一先生。为了聆听竹田先生的教诲，大约一年的时间，我每个月都要去九州。虽然往返机票和住宿费用是一笔巨大的“浪费”，但是我却了解了“以小胜大”的经营兰彻斯特的许多秘诀。

第二位是在东京·浜松町经营副食店“番茄主义”（Kitchen-tomato）的古田基先生。我独立2年后，受古田先生之邀，一起去了美国。那笔费用，对当时的我来说，也是一笔巨大的“浪费”。而且，后来古田先生又邀请我几次，和他一起去海外考察。先生甚至教我坐飞机要选商务舱，这么“浪费”。

通过考察，我亲眼目睹了美国“外卖市场”的严峻性。在日本，当时正值人们对“外卖”议论纷纷、认为“外卖”大有前途的时候，因此美国当时的情景让我大吃一惊。从那以后，我深刻意识到，日本处处模仿美国，美国的今天就是日本的明天，所以我会多次去美国考察。另外，我也深切地体会到对他人的评价“囫囵吞枣”的危险性，于是多次亲自去世界各地的餐饮店考察。这些对今天的我来说，都是一笔巨大的财富。

阿曼度假酒店 以亚洲为中心，经营18家度假酒店的高级连锁酒店。1988年第一家度假酒店“安宁之所”（Amanpuri）在泰国普吉岛正式开业。18家酒店彰显着各自不同特色的人文风情，被称为超级享受的隐居之所。

经历改变价值观

最近，依照妻子的愿望，我们养了一条小型猎獾狗。每当带着爱犬出去逛街的时候，我都深深体会到，日本的餐饮店对带着狗的顾客来说有多么不方便。不仅仅是餐饮店，超市、百货商店等，很多场所都有所限制。也许是“食品卫生”的原因，也许是因为有人不喜欢狗，不过，因为养狗这种“浪费”，却让我见识了一个不同的世界。

全新的世界、全新的体验和全新的发现，让我形成了全新的价值观。

经常听到“要站在顾客的立场上考虑”这句话。但是，说话的人真的站在对方的立场上了吗？

比如，在一家高级西餐厅，面对一个从未吃过西餐的高中生打工者，告诉他，“听清楚了，我们和家庭餐馆不同，上主食的时机非常重要，必须站在对方的立场上思考问题”。但是，对这位毫无经验的高中生来说，根本就不知道“对方的立场”是什么意思。想要让他理解“顾客不是来吃东西的，而是来享受吃东西的这个过程的”，需要时间和经验的积累。如果不这样，作为服务员，根本发挥不了应该发挥的作用。

旅行带来丰富的感受和经验

因此我想说：“把钱花到旅行上吧！”

你在人生的旅途上花费了多少金钱？好的服务，取决于你有多少与顾客心情相同的经历。要想积累这种宝贵的经验，最好的方法就是旅行。

下定决心，跳出自己现在的生活圈子，迈向新的世界，大胆地花钱吧！只要你肯花钱，你的经历一定会给你带来更多的财富。

感动绝非偶然。在追求感动的时代，必须根据是否能让顾客开心来判断，而不是根据商品是否好卖。

无论是经过怎样“考虑”的餐饮店，如果只是“考虑”的话，就和酝酿哭泣的演员没什么区别。如果没有阅历丰富、眼泪自然而然流下来的“演员”，餐饮店不可能获得发展。

现在，你必须具备能够自然而然流下眼泪的、丰富的感性特质。

【今日心得】

不断积累经验非常重要。

第 26 日

不断打破“成规”

前几天看电视的时候，报道了一件非常有意思的事情。

福岛市有一位高三学生，为了参加入学考试，连续两天赶往距离福岛市 50 公里左右的位于南郡山市的考场。 第一天，他的妈妈开车接送他。

第二天，恰巧日本列岛受到寒潮袭击，大雪封住了道路。 于是母子二人决定乘坐福岛与郡山之间的东北新干线。他们提前 1 个小时左右到达车站，刚好有辆车进站，于是急忙跳上了列车。 但是，在关门的一瞬间，他们发现了一个重要的事情：“这趟车在大宫站不停！”

本来这个时间段，经过福岛站的四五趟列车都会在郡山站停，偏巧母子二人乘坐的那趟列车不但郡山站不停，连宇都宫站也不停。

其实，我在以前的公司负责店铺开发的时候，因为新干线还没有坐习惯，也犯过同样的错误。 那个时候，我从大宫出发，要到宇都宫的福田屋百货商店洽谈开分店的事宜。现在乘车基本上都是对号入座，但因为宇都宫站非常近，所以我买了“自由席”的票（不用对号入座），到了大宫站的站台。巧得很，电车刚好来了，“太幸运了！”我跳上了电车。

新干线不停

我心想：“太好了，这回有时间，等下可以在车站悠闲地喝杯咖啡什么的。”我打了个小盹儿，心情如在梦中。新干线正常运行，但是我却发现了异常情况。往外一看，是以前曾经去过的福岛站。于是我问坐在旁边的人：“下一站是哪里？”“是仙台啊，大概再有 20 分钟左右就到了吧。”

“仙、仙台……”

到达仙台以后，我急忙给福田屋的负责人打了电话。

“大久保先生，从仙台返回来太折腾了，咱们把会面时间改到下午 2 点吧，这样你就不用着急地往回赶了。”“十分抱歉。”原定上午 10 点的会面，推迟到了下午。

这对母子，恐怕当时也不知道竟然有在郡山站和宇都宫站都不停的电车吧。因为是儿子的重要考试，所以面对冷酷无情、关门发车的新干线，那位母亲只好恳求车长：“求你们能不能在郡山站停一下？”

“不行！”车长回答。

于是那位母亲只好给大学打电话。

“迟到也没关系，我们会单独准备一间教室，请您尽快来考场。”

母子俩只能在车长室前走来走去。突然，新干线紧急停车。虽然不是郡山站而是宇都宫站，但是只要换乘下行的电车，30 分钟左右就可以到达郡山站。母子俩从郡山站下车再乘出租车奔向考场，终于赶上了上午 10 点半的考试时间。

新干线最终为什么会停车了呢？那是因为车长在列车上，与车辆调度中心取得了联系，经确认不会对列车时刻表造成影响，然后采取了特别措施，紧急停车。

JR（日本国铁）解释说，“这次的措施只是一个特例。”

也许大家会说，“公共交通工具为了一个人而采取紧急停车的做法，太荒唐了。”在经济高度增长期，全体国民只有一个共同的目标——国家富裕。因此与个人相比，应该优先考虑大家的利益，当然绝不允许为了一个人而改变全体的规章制度。整个社会制定了各种各样的说明和法规，不停地追求国家、公司和组织的效率。

从时代的潮流来看，也有人会认为，“这位车长为了满足顾客的要求，做了自己权力范围内的事情，这是当今时代的反映。”但是，我希望大家不要就这么简单地发表自己的感想。那位车长充分考虑到考生的心情，瞬间也考虑了乘客整体的利益，却没有多考虑这样做之后会带来的麻烦，就实行了紧急停车。对这种“人情味”，我不由得产生了一种奇妙的共鸣。

规定和指南不能打动顾客

你是否把在餐饮店的工作当做一种“劳动”，或者，你是否仅从营业额利益的观点来看待顾客？ 如果你只是把自己当做“公司”这个组织的一员来接待顾客的话，顾客绝对不会感动。

经济高速增长的时代，为了消除顾客的不满，制定了很多规定和指南；到最后，为了防止产生纠纷和麻烦，又制定了很多规定。“赔偿要求处理办法”就是其中的典型代表。

顾客的感动和惊喜，毫不做作的人文关怀，小小的体贴和喜悦，如果具备这些，自然就会带来营业额和利益。 因此，必须从规定、指南这些束缚中解脱出来，采取顺应顾客心意和心情的行动。 是的，“当超越公司的规定和指南的时候，顾客就会感动”。

公司的规定和指南，是为了维持不断扩大的整体而存在的。 为了吸引新顾客，让餐饮店逐渐壮大，以及接受新的员工，这些规定和指南做出了重大的贡献。 但是，如今餐饮行业的发展已经出现了停滞。

以人为本的经营

要想以有限的市场为对象，全体优先的话，顾客是不会认可的。所以不是“大家满意”，而是“个人满意”。这里所说的“个人满意”是指根据每一位顾客的想法，自己也作为“个人”，来思考和采取行动。

出生环境、成长环境、现在的生活、家庭成员构成、职业、工作环境……每个人的生活背景完全不同，都怀着各自不同的心情生活着。因此对待顾客，我们不能采取一成不变的格式化服务。当然，更不能根据资料，来采取行动，因为顾客毕竟是人。

现在，让我们废除各种规定，开展以人为本的经营方式吧。现在已经不是以市场扩大为前提、商品容易畅销的时代，也不是一边依靠指南或严格的规定来控制，一边在全国开设几百家、几千家连锁店的时代。大型连锁店每家都是经过一番苦战才取得今天的成就的，这一点大家应该很清楚。

“指南”开始进入日本，是“美国流”的连锁理论普及以后的事情，也不过是30年以前的事情。在此之前的社会，重视人与人之间的缘分，认为这才是商业的“王道”。

人情味，一定要坚持保留下去。

【今日心得】

与其固守成规，不如恢复人情味。

第 27 日

不可缺少情义

“大久保先生，下周一你有时间吗？”一直以来非常关照我的一位社长，给我打来电话。

“有时间，您有什么事吗？”

“我想介绍一个人给你认识。”

虽然是很随意的对话，但也许因为刚好是我独立 10 年的时期吧，这样的对话让我深深体会到，“我是依靠顾客生存的。”为我介绍顾客，真是让人感激不尽。

做生意时间长了，这种缘分的扩展会让生意越做越大。有人为我介绍朋友，这就是缘分的扩展。“我亲戚开了家店，吃了不少苦，所以想请你……”“我朋友说想要开家餐饮店，所以请你帮忙……”“想请您做我们研究会的讲师……”正因为这些缘分的积累，生意才能一直做下去。

现在想想，不管什么生意，连续做 10 年都是很不容易的。正因如此，对于那些默默支持我们的人（结缘的人），绝对不可以缺少情义。我平日里一直实践着：为了能够持续这样的缘分，什么样的工作我都接受。而且，为了不给介绍的人丢脸，我总是全力以赴地投入工作。

因为“忙”而“心死”

最近，我帮一家餐饮店进行装修设计。这是一家生意还算不错的餐饮店的 2 号分店，店主的亲戚任店长，但是却始终摆脱不了不景气的状况。因此他们找我进行重新装修，希望能够重振雄风。但是，我与这位店长合作得并不顺畅。

其实，像他这样的对象都有一些共同点。首先，约好的时间总是迟到。其次，需要的文件不提交给我。当然，我也知道，因为装修他很忙。但是，我也很忙。我是因为和店主的交情，特意挤时间过来帮忙他的。但是，因为店长迟到什么的，我好容易挤出来的时间，就这么被浪费了。

效益不好的餐饮店，往往喜欢在菜单、内部装修等这些看得见的地方开始改革。但营业额不好其实是因为存在其他的“根本的原因”。因此即使改变了菜单、内部装修等这些表面的东西，也没有任何用。“根本的原因”其实非常简单，那就是效益不好的餐饮店往往缺乏做生意的最基本的“心”，也就是没有把自己的感恩之情传达给顾客。

“忙”这个字，写起来就是“心亡”，确实如此，“哎呀，忙死了忙死了”，边说边干的过程中，忽略了对他人的关心和体贴，不断发展为以自我为中心的习惯，也就是缺少情义。所以我从不说“忙”这类词，而是尽可能地使用“有缘如此，不胜感激”这样的语言。

“谢谢”这个词，在日语中写成汉字是“有难”，意思是说，这是有难的时候使用的语言。有人为自己解除困难，特意帮助自己，对此要说“谢谢”，表达自己的感谢之意。这句话，表达了人际关系中的情义。

事情发展得不顺利的时候，你对身边的人是否抱有这样的想法：“我付给你工资，你却……”“我已经付过款了，你还……”这样想可不好。当然，如果简单做个结论的话，做生意只不过是简单的商品和金钱的交换而已。但是，在餐饮店工作的员工、合作的客户等这些“有缘人”，他们本身就是值得感谢的。

我想对那些效益不好的餐饮店说：“情义不可缺少！”“繁荣成功的根本在于‘情义’二字！”

“谢谢”是开始

为了不缺少情义，最初的步骤就是：对于别人为自己所做的、默默无闻的、理所当然的事情，一定要表示感谢。

“你本来有约会的，却同意和我换班，谢谢你！”

“在这个人手不足的时代，非常感谢你来应聘！”

“你说想要成为像我们这样店的员工，谢谢你！”

“时薪那么低，你却那么努力工作，谢谢你！”

“圣诞节还要上班，谢谢你！”

把目光投向那些默默支持我们的人，从对方的角度来思考问题，就会发现，人世间充满了值得感谢的事情。

在你的心中，不停地向身边的人说“谢谢”，你的心意一定会传达给对方。如果你用心对待身边的每个人，一定也会用心地去接待顾客；如果你用心对待员工，员工也一定会用心地去接待顾客。

以心“育”心

心灵可以培育心灵，心灵可以发展心灵。而且，也会成为打动人心的一大原因。

我有一个朋友，在学习法国料理。他为以前工作的小餐饮店升级为 1 星立下了汗马功劳。我来讲一个关于他的趣事。

休息的日子，店主偶尔来到店里，发现他正趴在地上擦地板。一问原因，他说虽然时间很短，但是非常想报答店主的知遇之恩，所以想打扫卫生，把干净的厨房变得一尘不染。店主非常感动地说：“今后不管你做什么，我都信任你。”

听了这个故事，你可能会想：“明明有拖布，为什么还趴在地上擦，真是个傻瓜！”但是我想说：“日本人之所以一代不如一代，就是因为扫除工具变得太合理了。”

如今有很多使用方便的扫除工具，但是有些事情却改变了。

“其实本来可以不雇我，但却说为了顾客，把我留了下来，谢谢！”

为了报恩，擦洗地板。 而且，不用拖布，而是跪在地板上用抹布擦。 这的确很辛苦，但是，用自己的手脚、流自己的汗才能表达自己的感激之情。 从某种意义上讲，使用方便的工具，是对下功夫做事情这个步骤的一种轻视。 可以简单、高效、淡漠地做完工作，却不再“用心”。

不重视情义的习惯，也许就是从这里开始养成的吧！

【今日心得】

有感恩的心，就不缺少情义。

第28日

给心灵加点营养

这是我与妻子去塔希提西北部波拉波拉岛度蜜月时发生的一些事。我们一共住了几家不错的酒店，其中有一家是高级连锁酒店阿曼酒店旗下的，叫做“波拉波拉酒店”，在那里度过的时光真叫人难以忘怀。

塔希提位于法属波利尼西亚群岛，当地的人们热情好客，对待客人就像对待家人一样，所以这里不需要给小费，这在外国实属罕见。而且，在这些酒店当中，要属阿曼旗下的“波拉波拉酒店”的服务最为出类拔萃。

首先，员工之多令人惊叹。擦肩而过的员工全部都会微笑着向我们问好：“你好。”这让我们的心灵觉得十分温暖，从内心里开始放松。

因此我们也微笑致意，问候“你好”。当地的员工们，好像从与客人的这种交流中，感受到了自豪感和工作价值。在阿曼，即使是路边用扫帚扫落叶的人，也有一种友好待客的精神。

阿曼的好

还有一件事，让我们再次领教了阿曼的好。

吃完饭回到房间，我们确认了一下明天退房以后的航班，没想到竟然得知信用卡公司赠送我们一次双人按摩。夜深了，活动服务台已经关闭，所以我们只好和前台说，退房前两个人想去按摩。

虽然我们这个要求不太合理，但前台的女服务员还是恭恭敬敬地接待了我们。“我会向活动服务台转达的。以防万一，请允许我把您手头的这份确认书复印一份。”就是这样，也许她的语言都是程序化的，但是在整个处理过程中，她的动作、态度、表情、措辞等，完全都是发自内心的。我不由地感慨：“多么让人放心的举动啊！”

这就是阿曼的好！

我曾经住过像“丽思卡尔顿酒店”、“四季酒店”等这些一流的酒店，经历过许多突发事件，也有很多独特的体验。但是，这样自然周到的服务我还是第一次感受。并不是刻意地想要“让某位客人高兴”，而是像照顾因腰扭伤而卧床不起的家人一样接待客人。

此时，我注意到了一个现状：日本人曾经拥有的“对待他人亲如一家”的习惯，现在已经慢慢消失了。

日本战后受西方个人主义的影响，变得对他人漠不关心。并且把对他人的关心照顾，当做从公司获取报酬的一种服务方式而已，突出表现在“顾客满意”上。可是，在战前的日本，“对待邻人就像对待自己的家人一样”，人们都认为这是理所当然的。

但是，阿曼的服务员，完全没有“作为工作让那些付钱给自己的顾客满意就行了”这种想法。他们的举动，完全是发自内心地体谅对方和担心对方，是一种自然而然的行为。

顾客满意理论的极限

前段时间，我的同学由于蛛网膜下腔出血去世。去世的前一天他开始感觉头疼，第二天上班时头疼难忍，在休息室里躺了一会儿，结果就这么离开了人世。

如果周围有人懂得蛛网膜下腔出血的相关知识，说不定他能得救，也许这就是他的命吧！衷心地为他祈祷冥福。

但是，有一点我始终无法理解。他身为精英，又在知名的企业工作，而且公司里有那么多相同年龄段的人，难道就没有一个人问问“你头疼是怎么个疼法”、“什么时候开始头疼的”这样的话吗，这一点我实在无法理解。

“人过四十，发生什么事情都不奇怪。”

这是我另一位同学的口头禅。他作为一名国际医疗队的医生，经常往来于日本与外国之间。

死亡对任何人来说都是平等的。这样一想，担心“今后该如何度过漫长的人生”这样的杞人忧天的问题，并没有任何意义。也许明天就会死，从这样的角度来看的话，连眼前的营业额、预算什么的，都变得毫无意义。

一位餐饮连锁店的店长，因为监禁妇女的暴行而被逮捕，在社会上引起了轰动。人手不足是整个餐饮业的共同问题，这家连锁店由于发展过快，为了维持运营，在用人方面根本没法挑三拣四。也许这就是事件的背景吧。

餐饮店究竟为什么存在？

首先可以说是“为了顾客”。而且，这种累积还会变成“为了工作的人”。但是，一旦陷入营业额至上主义的怪圈，餐饮店就变成了“为了公司”而存在，员工也感受不到工作的意义，这样的员工，就会给顾客带来悲剧。

为什么那位店长，对于深夜单独来吃饭的女性没有任何关心呢？他为什么会从事服务业呢？

“人不是为了赚钱才工作，而是为了给心灵加点营养才工作的。”金钱满足不了心灵。无论经济上多么富裕，人都不一定会觉得幸福。

金钱无法满足心灵

对自己正在从事的工作怀有自豪感，并能够感受到工作的意义，每天生活得有滋有味。这些举动会得到顾客的喜欢，于是，餐饮店顾客盈门，工作人员就会更加觉得有自豪感、有工作的意义。在这样的循环当中，公司同时获得收益。

话虽如此，你现在是不是很执著于眼前的数字呢？你是不是为了赚钱，以自我为中心，拼命地在工作呢？如果是这样的话，“工作是为了让顾客高兴”就成了一句口号，并不是发自内心的，是一件不得不做的事情。现在的服务业，已经忘记了服务业这种商业形式的精髓所在。

“波拉波拉酒店”之后我们住的酒店里有一名日本服务员。但是，他采取的是尽量不给自己带来风险、中规中矩的工作方法。和他用日语聊天，让我深刻感受到，带着人情味那样痛快自然地活着对他来说是多么的困难！

【今日心得】

人的成长中最重要的是心灵的营养。

第29日

不能以“成功”为目标

从东京都中心涩谷出发开往西南方向的东急田园都市线，一进入川崎市有一站叫做沟口。这是东京典型的一个郊外住宅区，每次经过站前，都能听到演奏键盘乐器的声音，美好的音色摄人心魄，让人觉得温馨而安心，演奏者是街头音乐家 Rakira。

我在酒店举办婚宴的时候，曾经邀请他来演奏音乐。他虽然是一个公司职员，但是因为始终无法放弃自己喜爱的音乐，所以选择了“街头演奏”这种收入不稳定的生活方式。但是，听他的演奏，丝毫不会感觉到人生的不安。与金钱没有任何关系，却能慰藉人的心灵。很多餐饮店的店主在路上听了他的音乐之后，都邀请他去店里演奏。

“久保田先生，我们店里开始逐渐出现人手不足的情况，我想在店门口设一个招聘广告板，您觉得怎么样？”四国地区一位从事货物配送的店主给我打来电话咨询。

人手不足的问题在地方也变得显著了。餐饮店付给临时工的薪水，与其他行业比起来，一点也不高。而且，工作非常辛苦，一点也不开心。所以，人手不足，将会一直是餐饮业今后的一个严重问题。

热情开朗，将让你受益匪浅

前几天，因为研讨会的关系，我参加了名古屋的一家居酒屋“寅卫门”的公开朝礼。致力于打造“寅卫门”这样迪斯尼系列的、以朝礼而闻名的居酒屋“天边”的大嶋启介社长也曾经参观过这家店。据说，经常有人问“寅卫门”的店主兼店长赤塚久男先生，“您的员工为什么总是精神百倍呢？”

也许是因为日本的服务文化还不够成熟吧，几乎没有人是因为想为别人服务才进入餐饮店工作的。怎样才能使员工因心情愉悦而对顾客笑脸相迎，并让顾客高兴、给顾客带来感动呢？针对这个问题，赤塚先生发现：“一定要让员工明白，这样做不仅是为了餐饮店，也是为了自己的人生，这点十分重要。”

如果大家看见了“寅卫门”的员工精神百倍地接待顾客的话，一定会想“我也想每天都那么精神”，因此来应聘店员。“对人来说，最重要的就是有某种梦想并积极为之努力”，积极向上的餐饮店有一股力量，对招聘新店员的事也会产生影响。所以，对那些满怀憧憬进入餐饮店、还不够热情开朗的新人，首先要对他们进行教育，让他们理解“只要变得热情开朗，自己就会受益”。

如果员工了解了“只要变得热情开朗就会受益”的话，自然而然就会露出笑脸。而且，笑容会传染，一传十十传百，自己也会从中获取能量。

反之，忧郁低沉则含有负面的因素。赤塚先生说，“面试临时工的时候，必须识别出哪些人令周围人反感，让面试气氛变得阴沉压抑，这点十分重要。”仅仅一个人，就会使整个职场氛围变得糟糕透顶，阴沉的表情比笑脸更容易传染。

在名古屋参加朝礼的第二天，我们去了位于三重县伊势市的“生活咖啡黑船”（Living Cafe Kurofune）。这里以“每天一场感动的婚礼”而闻名。我们和经理中村先生聊了起来。

“黑船是一种介于学校和餐饮店之间的存在形式。我们接收那些将来想要独立开店的人，不把重心放在利益的盈亏上，只考虑能令顾客喜欢的事。当然，本店也没有营业额目标和利益目标。每天只是考虑如何让顾客幸福，为将来独自开店打下基础。”

憧憬与喜悦会把大家吸引来

“凭这样的心情，如果真的能够令顾客高兴的话，经营上也不会有太大问题。即使出现赤字，也不会是多大数额的。我们现在充当的就是那些想要独自创业的人的父亲的角色，只要通过演讲或者咨询赚钱就可以。”中村经理豪爽地说。

“这样，自己对未来的预测也会明确，不必太担心将来的事情，这也是因为与各种各样的人接触的结果。为了表示对前辈和照顾过自己的人的感谢之情，我愿意支持这些想独立创业的人。”经理这样讲述自己对经营的看法。

人在刚开始做事情的时候，总是抱着一副轻松的心情。顺利的时候还好，一旦营业额下跌，或者不顺利的时候，就容易变得束手无策，陷入窘境。餐饮店之所以倒闭，就是因为没有具备在各个重要场合能够做出必要判断的能力。特别是一旦独立以后，根本无法接受充满风险的挑战。

所以中村经理对那些借助公司这个外界平台从事商业活动的员工们说，“要多经历一些失败。”据说现在已经有7名员工从“黑船”独立出来，大展身手。

前面提到的两家店，都和那个找我商量做广告牌的货物配送的店铺不同，不存在人手不足的问题。现在人手不足已经不是时薪高低的问题，而是与经营者能否让人对店铺产生憧憬、能否让员工看到自己的将来紧密相关。

在法国，服务员都毕业于专门的学校，具有丰富的知识和充分的精神准备，然后才参加工作。

“酒店服务有多少种形式？”“不同行业的服务形式有何不同？”“酒店用的食材都有什么？”

在日本，员工进入酒店工作的第一天就会让他去点餐，这与法国的方式截然不同。我们以高生产性自夸，但是总觉得哪个地方不对劲。

新庄为什么被人喜欢

从职业棒球队日本火腿队隐退的新庄刚志选手，也许是因为具有在美国大联盟效力多年的经验的原因，他对当地的孩子们非常重视。有一个孩子单程花费4个小时，每年来见他7次。如果只是为了享受“粉丝特权”的话，一个小“粉丝”，不至于做到这个地步吧。北海道的人们非常喜爱新庄选手，为他的隐退而惋惜，因为大家尊敬他，对他充满了憧憬和向往。

“新庄虽然没有留在记录中，却留在人们的心中。”

成功也是如此。成功只是结果，一个个小小的累积才有意义。并不是从成功开始倒数，而是每天用一张张桌子换来顾客的喜悦，创造出能够留在顾客心里的一幕幕情景。我觉得，开头介绍的街头音乐家Rakira的演奏，就告诉我们了这一点。

追求成功本身已经开始落伍了。

【今日心得】

考虑结果之前，请先考虑顾客的喜悦。

第 30 日

抓住顾客心理的 7 个法则

也许是因为社会发展到今天，只能依靠神灵保佑的缘故，近几年的春节，去参拜神祇的人非常多。 谁都希望“年年越来越好”，但是这真的有用吗？

我也喜欢去神社寺院。 出差的时候会趁空闲时间去当地自古以来就被人们信奉的神社寺院看看。 知道的人一定会问：“大久保先生，你去得那么频繁，究竟祈求什么啊？”

我从来没有向神灵祈求过什么。 但世人都认为去神社寺院就必须许下愿望。

商业不是能祈求的东西，即使求也是白求。 只要坚持努力，接受结果，并且有感恩的心，就一定会有收获。 如何养成不依赖他人的习惯非常重要。

令人感激的是，通过音像杂志《梦——商通信》采访一些成功的餐饮店，让我们获得了与成功的经营者们交流的机会。 这些经营者们，在如今的时代形式下，成功经营餐饮店，并且得到了顾客的大力支持。 在与几位经营者交流的过程中，我发现，他们处于绝对优势的行为当中，存在 7 个共同的法则。接下来我将一一介绍这 7 个法则。

共同的法则

这些处于绝对优势地位的店主们对顾客所做的事情，与动画片《美女与野兽》中解除施加在野兽身上的魔法是一样的。“不求回报，彻底去爱，以及被爱。”这就是第 1 法则。爱顾客，也被顾客所爱。虽然看起来是理所当然的，但是却很难做到。

做生意，其实非常不可思议。越是想卖掉商品而无论是谁都去接近的话，越是不招人喜欢。这和恋爱一样，所谓“被爱”，是指对方的心理发生变化，对自己感兴趣从而喜欢自己，自己越是厚脸皮，越会起到反作用。社会上这些经营者们，只考虑如何去爱别人，从不做“被爱”的努力，从不考虑“如何被爱”的方法。

“被爱”的出发点，就是第 2 条法则“接受”。

我们无法做到让所有顾客满意。因此处于绝对优势的店主们接受“不会被所有人喜欢”的事实，明确表明自己的价值观，甚至认为 10 个人当中有一两个人喜欢自己就可以。每个人的价值观都不同，对“美味”的感觉也是如此，必须“接受”这个事实。

但是，很多人却想方设法地使自己不被讨厌。这是那些经历过经济高度增长期、过于适应经济增长时代的日本人的坏习惯，同时也是在“扣分法”教育下长大的日本人的缺点。只要相信自己，然后让顾客感受到你每天都在不断地努力就可以了。

优先考虑顾客的感动

一旦决定了自己的目标和自己的价值，就要“使之有魅力”，这是第3条法则，也就是好好演绎自己的价值，将自己的价值充分发挥出来。为此，有必要彻底磨练自己的演技。物质剩余的时代，只靠努力已经不够，必须拿出真本事。

比如，员工。依靠那些没有经过正规培训、不具备任何商品知识的临时工，这样的经营已经走到了尽头。这和“只是台词精炼的电影”一样，再好的剧本，如果用二流水平的演员来拍的话，不会拍出真正的好电影。好的演员应该是这样的人：能够依靠丰富的经历和感性充分发挥想象力，并且具有征服观众的演技。而且，好的演员还必须具有完美演绎细节部分的能力。

说句题外话，那位有名的作曲家安德鲁·洛伊·韦伯（Andrew Lloyd Webber）在《歌剧魅影》将被拍成电影的时候，亲自参加了对演员的最后一次面试。这也是因为他对细节部分的执著。

一旦变得很有魅力，“传达”就成为了重点，这是第4条法则。事情再也不能全权交给别人去做了。

“传达”有2个重要因素。首先要有打动观众心灵的自己的梦想、信仰和自豪感。你是否拥有一个梦幻岛，能像彼得·潘一样，带领顾客去往梦想的世界呢？

其次是如何找到传达给顾客的方法，并运用自如。现在，宽带网络已经在家庭中普及，已经不再是多媒体时代。电子杂志、博客、宣传片……你自己就可以简单地成为一个信息源头。餐饮业是信息产业，能控制信息的人，同样能控制市场。

第5个法则，拒绝那些与自己的想法格格不入的顾客。不要把那些侵犯你的“梦幻岛”的人当成顾客。不喜欢你的餐饮店的顾客，就无法理解你理想的世界“梦幻岛”，你也不会喜欢这些顾客。要接受很多顾客，那是市场成长时期的想法，但现在是把“选中的人”当做顾客的时代。可以接受那些相信你、向你学习的人，如果不是这样的人，可以拒绝！

好，环境已经具备。剩下的就是与自己内心的斗争。妨碍你走上绝对优势道路的，常常是你自己的内心。必须抛弃那些不好的动机，看得更清楚更长远。“想要看起来好些”，“想要装装样子”，这样的“自私”或者“虚荣”；害怕失败、花太多经费、赚不了钱等的“恐惧心理”；必须克服这些“自私”、“虚荣”、“恐惧心理”。这是第6条法则。

战胜考验与诱惑，优先考虑顾客的感动，得到顾客的喜爱，这些都是具有绝对优势的开始。无论多么成功的店铺，开始的时候都不一定是成功的。通过采访成功餐饮店的店主，我明白了一点：决定能否成功的，就是与自己内心的斗争。

不要忽喜忽悲

接下来是最后一条——第 7 条法则：“不断逼迫自己。”

爱顾客，也被顾客喜欢。为了做到这点，必须不断要求自己，进入绝对优势店主的级别。不过，这场比赛可不是短期的。不是一次一次的记录，而是需要每年不断地努力和继承下去，这是非常重要的。另外，这也不是一场个人的比赛，必须让后继者清醒地认识到，餐饮店要想获得长远的发展，必须像接力赛或者马拉松异程接力那样，一个一个地传下去。但你是不是会瞬间地忽悲忽喜呢？

现在不是考虑当前利益的时候，应该考虑怎样做才能把你的生意顺利传给你的儿子或者孙子。

人生由决心和坚持来决定。不是发展得不顺利，而是下得功夫不够。认真描绘未来的蓝图，一步一步扎实前进吧。如果本书能给您带来这样的机缘，我将十分高兴。

【今日心得】

改掉坐享其成的习惯，怀有开创未来的志向，下定决心继续奋斗。

后记

托大家的福，我也过上了幸福的生活。

对大家来说，《日经餐饮店》的一个专栏或者我的一本书，也许只是一个小小的存在，但对我来说却并非如此。

大家打开杂志以后看到的鼓励的信件，或者是投诉以及不满，这些都激发了我的创作冲动，于是才有了这本书。

另外，“接受‘日经餐饮店’采访的各位人士，一定会说‘大久保先生的“非常识”专栏我一定会读’。”正是编辑部对我的这句无心的鼓励，才有了这本书。

现在想起来，作为餐饮顾问刚刚独立的时候，每次工作告一段落，我都会想：“真为难啊，接下来该怎么办呢?”但那个时候总有人给我介绍新的工作，有人看了书之后也开始找我，竟然坚持过来了，真是不可思议!

虽然不会赚大钱，但是我希望能让大家获得幸福。

除了要向大家表达我的感谢之意外，我还会为大家祈祷。

《日经餐饮店》编辑部的各位，以及曾经给过我帮助的各位：中野先生、花泽先生、大谷先生、菅原先生、鹰野先生、蓬莱先生、水野先生、铃木先生、远山主编，谢谢你们！

另外，谢谢大家一直以来对我的支持！

现在正在召开全国研讨会，请大家务必携带此书。向大家表示感谢的同时，我把大家的名字也写在本书中，借此表达我对大家的感谢之情。

谢谢大家！

图书在版编目（CIP）数据

菜鸟餐饮店 30 天繁荣记 / （日）大久保一彦 著；赵小平 译. —北京：东方出版社，2013.7
（服务的细节；11）
ISBN 978-7-5060-6593-1

Ⅰ.①菜…　Ⅱ.①大…　②赵…　Ⅲ.①饮食业—商业经营　Ⅳ.①F719.3

中国版本图书馆 CIP 数据核字（2013）第 172924 号

服务的细节 011：菜鸟餐饮店 30 天繁荣记
（FUWU DE XIJIE 011：CAINIAO CANYINDIAN 30 TIAN FANRONGJI）

作　　者：［日］大久保一彦
译　　者：赵小平
责任编辑：吴　婕　周春芳
出　　版：东方出版社
发　　行：人民东方出版传媒有限公司
地　　址：北京市东城区东四十条 113 号
邮政编码：100007
印　　刷：北京京都六环印刷厂
版　　次：2013 年 8 月第 1 版
印　　次：2017 年 4 月第 5 次印刷
印　　数：15001—18000 册
开　　本：880 毫米×1230 毫米　1/32
印　　张：5.625
字　　数：108 千字
书　　号：ISBN 978-7-5060-6593-1
定　　价：28.00元
发行电话：（010）85924663　85924644　85924641

“服务的细节”系列

《卖得好的陈列》：日本“卖场设计第一人”永岛幸夫

定价：26.00 元

《为何顾客会在店里生气》：家电卖场销售人员必读

定价：26.00 元

《完全餐饮店》：一本旨在长期适用的餐饮店经营实务书

定价：32.00 元

《完全商品陈列 115 例》：畅销的陈列就是将消费心理可视化

定价：30.00 元

《让顾客爱上店铺 1——东急手创馆》：零售业的非一般热销秘诀

定价：29.00 元

《如何让顾客的不满产生利润》：重印 25 次之多的服务学经典著作

定价：29.00 元

《新川服务圣经——餐饮店员工必学的 52 条待客之道》：日本“服务之神”新川义弘亲授服务论

定价：23.00 元

《让顾客爱上店铺 2——三宅一生》：日本最著名奢侈品品牌、时尚设计与商业活动完美平衡的典范

定价：28.00 元

《摸过顾客的脚才能卖对鞋》：你所不知道的服务技巧，鞋子卖场销售的第一本书

定价：22.00 元

《繁荣店的问卷调查术》：成就服务业旺铺的问卷调查术

定价：26.00 元

《菜鸟餐饮店 30 天繁荣记》：帮助无数经营不善的店铺起死回生的日本餐饮第一顾问

定价：28.00 元

《最勾引顾客的招牌》：成功的招牌是最好的营销，好招牌分分钟替你召顾客！

定价：36.00 元

更多本系列精品图书，敬请期待！

畠山芳雄“管理的基本”全系列

定价：32.00 元

定价：30.00 元

定价：24.00 元

定价：24.00 元

定价：21.00 元

定价：20.00 元

定价：26.00 元

定价：19.00 元

定价：26.00 元

定价：29.00 元

定价：20.00 元

定价：20.00 元

定价：19.00 元

东方出版社更多精品图书　敬请期待！